Elisabet⁀ ni

Passages to Americ

elisabeth.irani@gmx.de

ISBN: 9798390215326

Elisabeth Irani

Passages to America
Passagen nach Amerika

AUF NACH AMERIKA --- Off TO AMERICA

Etwas Besseres als den Tod finden wir überall...

We can find something better than death everywhere...

Im 19.Jahrhundert sammelten die Brüder Wilhelm und Jacob Grimm die bis dahin mündlich überlieferten Geschichten und Märchen in den deutschen Ländern, darunter auch das Märchen der Bremer Stadtmusikanten.

Der Esel, der Hahn, die Katze und der Hund nehmen all ihren Mut zusammen und verlassen ihren Hof, der ihnen kein Auskommen mehr bietet, keine Sicherheit und keine Zukunft. „Etwas Besseres als den Tod finden wir überall! " So ermuntern sie sich gegenseitig. Sie haben den Traum von einem schönen Musikantenleben in Bremen vor Augen. Doch der Weg ist weit, unsicher und unbekannt und immer wieder wird ihnen angst und bange. Noch bevor sie in Bremen ankommen, finden sie Unterschlupf in einem geheimnisvollen Haus, das sich als Quartier von Räubern herausstellt. Doch weil sie fest zusammenhalten, vertreiben sie die Räuber und finden ihr neues Glück.

Genauso erging es Hunderttausenden von Menschen, die im 19 Jahrhundert ihre Heimat verließen. Sie wagten es, den Ozean zu überqueren, um sich ein besseres und sicheres Leben aufzubauen. Die überwiegende Mehrheit der Auswanderer war arm, hatte keine Möglichkeit aufzusteigen und lebte in Abhängigkeit vom Grundherrn.   Krankheiten, schlechte Wohnungen und schwerste Arbeit führten zu einer geringen Lebenserwartung. Wie die Tiere im Märchen sagten sie sich: „Etwas Besseres als den Tod finden wir überall."

Der Weg führte in den meisten Fällen zuerst nach Bremen, wo sie die Auswandererschiffe bestiegen. So war Bremen nicht von ungefähr der Sehnsuchtsort für viele Menschen im 19. Jahrhundert. War man erst hier angelangt, ging es in die Freiheit und für viele zumindest in ein besseres Leben.

In the 19th century, the brothers Wilhelm and Jacob Grimm collected the stories and fairy tales that had been passed down from generation to generation in the German states. These included the fairy tale of the Bremen Town Musicians.

The donkey, the rooster, the cat and the dog take all their courage and leave their farm, which no longer offers them a living, no security and no future.

"We can find something better than death everywhere..." is how they encourage each other. They dream of a better life in Bremen as musicians. But the road is long, uncertain and unknown, and time and again they are frightened. Even before they arrive in Bremen, they find shelter in a mysterious house, which turns out to be the home of robbers. Because they stand firmly together, they chase the robbers away and find their new happiness here.

The same was the fate of hundreds of thousands of emigrants who left their homes in the 19th century. They dared to sail across the ocean in pursuit of a better and safer life. The vast majority of emigrants were poor and had no chance of climbing up the social ladder. They were dependent on their landlord. Diseases, poor housing, and hard daily work led to a short life expectancy. Like the four animals in the fairy tale, they told themselves: "We can find something better than death everywhere."

In most cases, the road led to Bremen first, where they boarded the emigrant ships. So it was no coincidence that Bremen was the place of longing for many people in the 19th century. Once they had arrived there, they were off to freedom, and –for many at least – to a better life.

Zweihundert Jahre später machen sich viele ihrer Ururenkel daran, die Geschichte der Vorfahren zu erforschen und den Spuren ihrer Ahnen zu folgen.

Sie sammeln nicht nur Fakten wie persönliche Daten, Verwandtschaftsbeziehungen, Abreisedaten, Schiffsnamen oder Ankunftshäfen. Fragen tun sich auf. Warum sind meine Vorfahren ausgewandert? Wie sind sie zu den Häfen gelangt? Hatten sie Helfer? Wie bezahlten sie die Passagen? Wie sahen die Umstände in der Heimat aus, die sie zur Auswanderung trieben? Denn eines ist sicher: Die wenigsten gingen aus Abenteuerlust, vielmehr verließen die meisten ihre alte Heimat schweren Herzens.

Dieses Buch ist keine wissenschaftliche Abhandlung über die Auswanderungsbewegung im 19. Jahrhundert. Vielmehr soll sie dem Familienforscher, dem sich immer wieder Fragen auftun, in verständlicher Weise Antworten geben. Der Schwerpunkt liegt in der Auswanderung aus dem nördlichen Deutschland, der über Bremen und Bremerhaven führte. Drei Reiseberichte erzählen am Ende, wie einfache Menschen im 19. Jahrhundert den großen, weiten Ozean überquerten.

Two hundred years later, many of their great-great-grandchildren set out to research the history of their ancestors and trace their footsteps.

They do not only collect facts such as personal data, family relationships, departure dates, ship names or ports of arrival There are further questions that arise: Why did my ancestors emigrate? How did they get to the ports? Did they have any helpers? How did they pay for the passage? What were the conditions at home that pushed them to emigrate? For one thing is certain: very few emigrated out of a thirst for adventure. Most left their old homes with a heavy heart.

This book is not a scientific paper on the mass emigration movement in the 19th century. Instead, it is intended to give answers to the questions of a family researcher in an understandable way. The focus is on emigration from Northern Germany, passing through Bremen and Bremerhaven. At the end of this book, three travel reports tell the stories of three ordinary people crossing the big, wide ocean.

1 The Bremen Town Musicians by Sonja Irani

Das Jahr ohne Sommer

The year without summer

2 Caspar David Friedrich, Two men by the sea, 1818, Nationalgalerie Berlin

Endlich war im Jahre 1815 Napoleon, der Kaiser von Frankreich, nach bitteren Jahren des Krieges geschlagen und auf dem Weg in die Verbannung. Die Menschen atmeten auf. Doch eines Tages im Frühsommer verfinsterte sich die Sonne und ihre Strahlen gelangten nur schwach durch eine staubige Luft auf die Erde. Es wurde kalt, stürmte und regnete wochenlang in Strömen. Nachtfröste im Juli und August verhinderten, dass die Bauern aussäen und ihre Äcker bestellen konnten. Die Menschen dachten an eine Strafe Gottes und zogen in langen Bittprozessionen durch die Ortschaften und Felder.

Im folgenden Jahr wurde es noch schlimmer. In Europa war es weiter dunkel und kalt, stürmte und regnete ununterbrochen, in Nordamerika schneite es mitten im Hochsommer. Die Früchte auf den Feldern verfaulten und es wurde nur wenig geerntet. Dem „Jahr ohne Sommer" folgte das „Jahr des Hungers". Weltweit kam es zu Missernten und in der Folge zu Hungersnöten, Krankheiten und sozialen Unruhen im Kampf um das Brot.

Die Ursache des plötzlichen Klimawandels erfuhren die Menschen erst viel später: In Indonesien war im April 1815 der Vulkan Tambora ausgebrochen und hatte ungeheure Mengen von Staub, Asche und Schwefelgasen in die Luft geschleudert.

At last in 1815, Napoleon, the defeated Emperor of France, was on his way to exile after bitter years of war. The people breathed a sigh of relief. But then the sun darkened, and its rays reached the earth only weakly through the dusty air. It became cold, stormy and rain poured down for weeks. Night frosts in July and August kept farmers from sowing and cultivating their fields. People thought of it as a punishment from God and went through the villages and fields in long processions of prayers.

The following year, things got even worse. In Europe, it continued to be dark and cold, storming and raining constantly. In North America, it snowed in the middle of summer. The crops in the fields rotted and little was harvested. The "year without summer" was followed by the "year of hunger". There were crop failures around the world. As a result, there were famines, diseases, and social unrest in the struggle for bread.

The cause of the sudden climate change was only discovered much later: In April 1815, the Tambora volcano had erupted in Indonesia, spewing enormous quantities of dust, ash and sulfur gases into the air.

Sie bildeten unheilvolle Wolken, die in den Monaten darauf um den ganzen Globus zogen. Die Schwefelaerosole reflektierten das Sonnenlicht und sorgten für eine weltweite Abkühlung. In den südlichen deutschen Ländern litten die Menschen besonders schwer. Um dem Elend zu entfliehen, bestiegen sie Schiffe auf der Donau, die sie nach Russland und Bessarabien brachten. Andere segelten auf dem Rhein nach Rotterdam und Antwerpen, um von dort aus nach Amerika zu gelangen.

They formed ominous clouds that moved around the globe in the months that followed.

The sulfur aerosols reflected sunlight and caused global cooling. In the southern German areas, people suffered particularly badly. To escape the poverty, they boarded ships on the Danube that took them to Russia and Bessarabia. Others sailed to Rotterdam and Antwerp on the Rhine to reach America from there.

Beginn der Auswanderungen im 19.Jahrhundert
The beginning of emigrations in the 19th century

Am Anfang des 19.Jahrhunderts gab es noch keinen deutschen Staat, sondern nur einen großen Flickenteppich von Fürstentümern, Königreichen und feudalen Kleinstaaten, die größtenteils von Frankreich besetzt waren. Die Franzosen unter Napoleon hatten zwar einerseits Ideen von Gleichheit, Freiheit und Brüderlichkeit mitgebracht und diese in neuen Gesetzen verankert.

Andererseits litten die Menschen in den deutschsprachigen Gebieten aber auch sehr unter den harten Forderungen der Besatzungsmacht und besonders unter dem Zwang, junge Männer als Soldaten für Napoleons Armee zu stellen.

Als der französische Kaiser und sein Heer endlich besiegt waren, wurde auf dem Wiener Kongress im Jahre 1815 Europa neu geordnet und es entstand der Deutsche Bund. Dieser war ein lockerer Verbund von dreiunddreißig unabhängigen Königreichen, Fürstentümern und Kleinstaaten sowie vier selbständigen Städten. Doch schon bald wieder herrschten der Adel und die Großgrundbesitzer unumschränkt über die Bevölkerung. Die unteren Schichten, insbesondere auf dem Land, verarmten mehr und mehr. Hinzu kamen Missernten und eine folgende Hungersnot, ausgelöst durch das „Jahr ohne Sommer" infolge des Vulkanausbruchs in Asien, der das Klima in Europa schlagartig verändert hatte.

In dieser elenden Situation brachen im Südwesten der deutschsprachigen Länder, in Baden, Württemberg, Rheinland und Pfalz, aber auch aus der Schweiz und den österreichischen Regionen die Menschen auf, um der Armut und dem Tod zu entkommen. Am einfachsten war es für die Auswanderer aus dem Süden, in Boote zu steigen und auf dem Rhein bis zur Mündung in die Nordsee zu fahren. Dort konnten sie auf einem holländischen Schiff in den Häfen Antwerpen, Rotterdam oder Amsterdam die Heimat für immer verlassen.

At the beginning of the 19th century, there was not yet a united German state, but only a large patchwork of principalities, kingdoms and feudal small states, much of which was occupied by France. On one hand, the French under Napoleon had brought ideas of equality, liberty and fraternity with them and incorporated them into new laws.

But on the other hand, people in the German-speaking areas suffered greatly from the harsh demands of the occupying power and the obligation to provide young men as soldiers for Napoleon's army.

When Napoleon was finally defeated, the Congress of Vienna in 1815 reorganized Europe and created the German Confederation. This was a loose confederation of 34 independent kingdoms, principalities and small states as well as four independent cities. But again, the nobility and large landowners ruled over the population. The lower classes, especially in the countryside, impoverished more and more. In addition, there were bad harvests and a subsequent famine, triggered by the "year without summer". It occurred after a volcanic eruption in Asia that had abruptly changed the climate in Europe.

In this miserable situation, people from the southwest of the German-speaking countries, in Baden, Württemberg, Rhineland and Palatinate, but also from Switzerland and Austrian regions, set out to escape poverty and death. The easiest way for emigrants from the south was to board boats and sail down the river Rhine until they reached the ports of Antwerp, Rotterdam or Amsterdam. From here they could embark on a Dutch ship and leave their homes forever.

3 Map of "Deutscher Bund" 1815-1866 (Karten Ziegelbrenner)

Allerdings war schon die erste Etappe der Reise äußerst beschwerlich auf den kleinen Rheinschiffen. Es ging nur sehr langsam voran, denn immer wieder mussten Grenzen überquert und Zölle bezahlt werden. In den Hafenstädten angekommen, mussten die Menschen wochenlang auf eine Schiffspassage warten. Noch gab es keine regelmäßig verkehrenden Atlantikschiffe. Das vorhandene Geld war schnell für Unterkunft und Verpflegung aufgebraucht, oft wurden die Auswanderungswilligen von Gaunern und Betrügern übers Ohr gehauen. So strandeten viele dieser verzweifelten Menschen in den holländischen Hafenstädten oder mussten gar wieder umkehren.

Dennoch waren es etwa 20.000 Auswanderer, die in den beiden Jahren 1817 und 1818 nach Nordamerika aufbrachen und nach vielen Strapazen die Neue Welt glücklich erreichten. Es war der Beginn einer überwältigenden Bewegung, der Massenemigration nach Nordamerika, der Millionen von Deutschen im 19.Jahrhundert noch folgen sollten.

However, on those small boats, even the first part of the journey was extremely difficult.
Progress was very slow, because again and again borders had to be crossed and custom duties had to be paid. Once they arrived in the port cities, people had to wait for a ship's passage for weeks. There were no regular Atlantic ships yet. The money available was used up quickly for food and lodging, and the emigrants were often cheated on by scammers and swindlers. Thus, many of these desperate people stranded in the Dutch port cities or even had to go back.

Nevertheless, about 20,000 emigrants set out for North America in 1817 and 1818 respectively.They happily reached the New World after much hardship. This was the beginning of an overwhelming movement, the mass emigration to North America, which millions of Germans would still follow in the 19th century.

Die Motive der Auswanderer ihre Heimat zu verlassen
Motives of emigrants to leave their homeland

Von 1830 bis 1930 verließen etwa 7 Millionen deutschsprachige Menschen ihre Heimat und fuhren nach Amerika. Darunter waren nur wenige, die aus Abenteuerlust auswanderten. Es waren Bürger aus den Städten, die ein neues Leben suchten. Aber vor allem war es die ländliche Bevölkerung, die in Scharen das Land verließ. Dabei stellte es für sie ein unglaubliches, von Angst besetztes Wagnis dar, waren doch die meisten noch nie über ihr kleines Dorf hinausgekommen. Als Hauptgründe für die großen Auswanderungswellen nach Nordamerika werden religiöse Bedrängnis, wirtschaftliche Not und politischer Druck genannt.[1]

Religiöse Bedrängnis
Als von 1618 bis 1648 der Dreißigjährige Glaubenskrieg in Europa tobte, gab es die ersten Auswanderer nach Amerika. Bis zum Jahr 1800 waren es fast nur religiöse Gründe, welche die Menschen bewogen, aus ihrer Heimat wegzuziehen. Zahlenmäßig gering, wurden diese Gruppen von den Behörden nicht abgehalten, während für die übrige Bevölkerung in vielen deutschsprachigen Ländern ein strenges Ausreiseverbot galt. Im 19.Jahrhundert begann die große Auswanderungswelle, aber es gab kaum Glaubensflüchtlinge. Zwar wanderten auch viele jüdische Menschen in dieser Zeit aus, allerdings eher aus wirtschaftlicher Not und der Stigmatisierung als ethnische Gruppe. Religiös begründete Auswanderungen fanden erst wieder Ende des 19. Jahrhunderts statt, als Menschen aus dem osteuropäischen Raum aufgrund ihres Glaubens verfolgt wurden.

Wirtschaftliche Not
Nach den Napoleonischen Kriegen, die 1815 ein Ende fanden, setzte ein rapides Bevölkerungswachstum ein. Durch mehrere Jahre mit Missernten kam es zu steigenden Preisen für Grundnahrungsmittel, teilweise sogar zu Hungersnöten. Das führte zu einer Verelendung insbesondere der kinderreichen, unterbäuerlichen Schichten in allen deutschen Ländern. Es gab kaum Möglichkeiten, etwas dazuzuverdienen. Heimarbeiten wie Spinnen und Weben waren nicht mehr gefragt, seitdem billige Baumwolle aus England Flachs und Leinen verdrängt hatten.

From 1830 to 1930 more than 7 million German-speaking emigrants left their homelands and went to America. Among them were only a few who emigrated for adventure. Many were ordinary citizens from the towns searching for a new life. But most of all, it was the rural population that left the country in crowds. For them it was an incredible and fearful venture, since most of them had never been out of their small village. The major causes of the great waves of emigration to North America were said to be "religious distress, economic hardship and political pressure."

Religious distress
When the Thirty Years' War of religion struck Europe in 1618 and lasted until 1648, the first emigrants headed to America. By 1800, it had been almost exclusively religious reasons that caused people to leave their homelands. Because they were small in numbers, these groups were not kept from emigrating by the authorities, while the rest of the population in many German-speaking states was strictly forbidden to leave the country. In the 19th century, a huge wave of emigration began, but there were hardly any religious refugees. Although many Jews emigrated during this period, their reasons rather were due to economic misery and stigmatization as an ethnic group. Religiously motivated emigration did not take place again until the end of the 19th century, when people from Eastern Europe were persecuted because of their faith.

Economic hardship
After the Napoleonic Wars, which ended in 1815, a rapid population growth began. Several years of crop failures led to rising prices for basic food, and in some cases even caused famines. This led to poverty across all German states, especially among the lower rural classes with many children. The opportunities to earn extra money declined. Work done at home such as spinning and weaving was hardly in demand since cheap cotton from England had replaced flax and linen.

---

[1] Kügler, Thomas, Deutsche in Amerika, Stuttgart 1983, S.74

Erbfolge auf den Höfen

In den norddeutschen Ländern galt auf den Bauernhöfen das Ein-Erbenrecht. Nur ein Sohn, meistens der Älteste, in manchen Gegenden auch der Jüngste, übernahm das Anwesen. Die übrigen Kinder mussten sich ein anderes Auskommen suchen, was sehr schwierig war. Manchmal hatte ein abgehender Bauersohn das Glück, eine Hof-Erbin zu heiraten. Ansonsten blieb den Söhnen nur, eine Heuerstelle anzunehmen. Sie bezogen dazu ein kleines Haus, das zu einem Hof gehörte, und mussten als Pacht (Heuer) jederzeit für den Bauern bereitstehen und viel und schwer für ihn arbeiten. Sie begaben sich dadurch in eine große Abhängigkeit, hatten aber keine andere Wahl, wenn sie eine Familie gründen wollten. Für die Söhne der Heuerleute gab es ebenfalls keine Alternativen. Eine Niederlassung als Handwerker war nicht erlaubt und eigenes Land gab es nirgendwo zu erwerben.

In den süddeutschen Ländern galt ein Erbrecht, das alle Kinder gleichstellte und den Besitz untereinander aufteilte. Das führte zu einer Zersplitterung der landwirtschaftlichen Nutzflächen. Die Höfe wurden so klein, dass sie die Bewohner nicht mehr ausreichend ernähren konnten. Viele Kleinbauern mussten nebenher als Tagelöhner arbeiten, gingen zur Saisonarbeit in Nachbarländer oder verdienten sich durch Heimarbeit dazu, damit es zum Leben reichte.

Handwerker

Seit dem Mittelalter waren die Handwerker wie die Bäcker, Schneider, Müller, Zimmerleute oder Schmiede in Zünften organisiert, die strenge Vorgaben machten. So hatten nur sehr wenige Handwerksgesellen die Erlaubnis, Meister zu werden und sich niederzulassen. Das änderte sich erst Mitte des 19.Jahrhunderts, als einzelne Länder wie Bayern 1868 oder Hamburg 1864 die Gewerbefreiheit erließen. Bis dahin durften nur Söhne oder Schwiegersöhne einen Handwerksbetrieb übernehmen. Viele junge Männer wanderten deshalb aus, denn in Amerika war ihr „know how" gesucht.

Politischer Druck

Die französische Besatzung zu Anfang des 19. Jahrhunderts hatte einerseits sehr viel Leid über die Bevölkerung gebracht, andererseits strömten die Ideen der französischen Revolution in die deutschen Länder.

Inheritance laws on the farms

In the northern German states, farms were inherited by only one son. This usually was the eldest or, in some areas, the youngest. The other children had to find an alternative income, which was very difficult. Sometimes, a farmer's son who was not entitled to inherit the farm was lucky enough to find and marry another farm's heiress. Otherwise, the only option left for those sons was to become tenant farmers (Heuerleute). They moved into a small house that belonged to the farm and had to be ready at all times to carry out hard labor for the farmer as his tenant (Heuer). Thus, they became very much dependent on the farmer, but they had no other choice if they wanted to raise a family. Likewise, there were no alternatives for the sons of the Heuerleute. It was impossible for them to settle down as craftsmen and there was no land for them to be purchased anywhere.

South German provinces had a law of inheritance that placed all children on an equal basis and divided the property among them. This led to a splintering of agricultural land. Farms got so small that they could no longer support their owners adequately. Many small-scale farmers had to take on additional work as day laborers, some also left for seasonal work in other countries or earned extra money by working from home to make ends meet.

Craftsmen

Since the Middle Ages, craftsmen such as bakers, tailors, millers, carpenters or blacksmiths were organized in guilds. These had strict rules. Thus, very few skilled craftsmen had permission to become masters and set up their own workshop. This did not change until the middle of the 19th century, when individual states such as Bavaria in 1868 or Hamburg in 1864 issued a decree for freedom of trade. Until then, only sons or sons-in-law were allowed to take over a craftsman's business. Therefore, many young men emigrated because in America their "know how" was in demand.

Political pressure

The French occupation at the beginning of the 19th century had brought a great deal of suffering to the population on the one hand. On the other hand, however, the ideas of the French Revolution spread into the German territories.

Die bis dahin von der Obrigkeit geknechteten Menschen erfuhren, dass auch sie ein Recht auf Gleichheit, Freiheit und Brüderlichkeit besaßen. Nach Napoleons Niederlage setzten die Fürsten, Könige und Herzöge vielerorts die alten Gesetze wieder ein, aber der Wunsch nach Demokratie und Abschaffung der vielen Feudalstaaten wurde immer mächtiger. Es kam zu Aufständen, doch wurden die revolutionären Bestrebungen 1848 niedergeschlagen. Als Folge davon flohen viele Menschen in die freien Vereinigten Staaten von Amerika und werden bis heute als die „Achtundvierziger" bezeichnet.

Flucht vor dem Militärdienst

Nach der napoleonischen Besatzung gab es im gesamten 19. Jahrhundert Kriege der deutschen Länder untereinander oder mit den Nachbarn Österreich, Dänemark und Frankreich. Dazu brauchte man Soldaten. In Preußen, ähnlich wie in den anderen Ländern des Deutschen Bundes, bestand eine drei- bis fünfjährige Wehrpflicht vom 20. bis zum 27. Lebensjahr. Die jungen Männer konnten sich zwar davon freikaufen, aber für die ärmere Schicht war das nicht möglich. So versuchten sich viele, insbesondere vor dem preußisch-österreichischen Krieg 1866 und dem deutsch-französischen Krieg 1870, durch Auswanderung dem Militärdienst zu entziehen.

Eine deutsche Erlaubnis, den *Auswanderungskonsens mit Pass*, bekamen sie nicht. Für Amerika brauchten sie keine Einreisepapiere. So machten sie sich bei Nacht und Nebel auf, um in die Hafenstädte zu gelangen. Waren sie erst einmal in LeHavre, Antwerpen oder Rotterdam, konnte ihnen nichts mehr passieren. Auch die Freie Hansestadt Bremen bot den Militärflüchtigen Schutz und lieferte sie nicht aus. In den Heimatorten wurden sie polizeilich gesucht durch Anzeigen am örtlichen schwarzen Brett, vor den Kirchen oder in Zeitungsannoncen. Sie verloren alle Rechte in der Heimat, zum Beispiel, ein Erbe anzutreten oder Besitz zu erwerben. Im Falle einer Rückkehr drohte die Verhaftung.

Heiratswillige Paare

In vielen der deutschen Länder des 19. Jahrhunderts gab es nur einen Trauschein, wenn ein ausreichendes Einkommen der heiratswilligen Paare nachgewiesen werden konnte.

Ordinary people, who until then had been oppressed by their superiors, learned that they too had rights of equality, freedom and fraternity. After Napoleon's defeat, princes, kings and dukes restored the old laws in many parts, but people were longing for democracy and the abolition of feudal states, they lived in. There were rebellions, but the revolutionary movements were eventually crushed in 1848. As a result, many people fled to the free United States of America. To this day, they are referred to as the so-called "Forty-Eighters".

Escape from military service

After the Napoleonic occupation ended, there were further wars among the German states or with their neighbors Austria, Denmark and France throughout the 19th century. For this purpose, soldiers were needed. In Prussia, similar to the other states of the German Confederation, there was a three to five year compulsory military service from the age of 20 to 27. Young men could buy their way out of this obligation, but this was not possible for the poorer classes. Thus, especially before the Prussian- Austrian War of 1866 and the Franco-Prussian War of 1870, many tried to escape military service by emigrating.

They could not get a German permit, the emigration consensus with a passport. But for America, they did not need entry papers. In order not to get caught, many left their hometowns secretly and often at night. Once they were in the port towns of Le Havre, Antwerp or Rotterdam, nothing could happen to them. Even the Free Hanseatic City of Bremen offered protection to the military fugitives and did not extradite them. In their hometowns, they were sought by the police through notices on bulletin boards, in churches, or newspaper advertisements. As a consequence, they lost all rights in their homeland – for example the right to inherit or to acquire property. If they returned, they were threatened with arrest.

Couples willing to marry

In many of the German states during the 19th century, marriage licenses were only issued if the couple wishing to get married could prove that they had sufficient income.

Damit wollte man verhindern, dass immer mehr Menschen den Armenkassen der Gemeinden zur Last fielen. Besonders für die unterbäuerliche Schicht war das eine schwierige Sache, hatten sie doch kaum die Möglichkeit, zusätzliches Einkommen zu erwerben. In den norddeutschen Ländern mussten sie für den Antrag auf eine Heiratserlaubnis nachweisen, dass sie gesund und arbeitsfähig waren, mindestens eine Kuh besaßen und eine Heuerstelle (Wohnung und Arbeit in Abhängigkeit von einem Großbauern) pachten würden. Da bot die Auswanderung eine gute Alternative. Die jungen Menschen heirateten noch vor der Abreise in Bremen oder gleich nach der Ankunft in den USA.

Auch gab es Fälle von heiratswilligen Paaren, die sich über die Grenzen ihres Standes verliebt hatten, und die von ihren Familien keine Einwilligung bekamen. Ebenso sahen ledige Mütter, manchmal allein, manchmal mit den Vätern, nur in der Auswanderung eine Chance, dem sozialen Makel zu entkommen.

Abschiebungen

Es kam aber auch vor, dass die Behörden bei der Auswanderung halfen, wenn unliebsame Personen samt ihren Familien abgeschoben wurden. Das waren „Bettler, Trinker, Diebe" und „Insassen der Zuchthäuser", denen der Staat oder die Gemeinde die Überfahrt finanzierte. Um die Armenkassen zu entlasten, wurden auch mittellose Familien gern abgeschoben, war doch die einmalige Zahlung einer Schiffspassage günstiger als langjährige Unterstützungen. Eine weitere Gruppe unliebsamer Bürger waren diejenigen, die sich kritisch gegen den herrschenden Staat äußerten und Aufruhr stifteten. Ihnen wurde unter Druck nahegelegt, das Land zu verlassen, oftmals gab man ihnen das nötige Ausreisegeld mit.

Die kleine Auswanderung

In den norddeutschen Ländern galt das Alleinerbenrecht, meistens für den ältesten Sohn. Die übrigen Söhne und Töchter mussten auf andere Höfe heiraten oder eine Heuerstelle annehmen. Das bedeutete, dass sie in den Dienst eines Großbauern treten mussten, der schlecht bezahlte.

This was done to prevent more and more people from becoming a burden for the municipalities' funds for the poor. This situation was particularly difficult for the lower classes, who had little opportunity to earn additional income. In order to apply for a marriage license in the northern German states, they had to prove that they were healthy and able to work, owned at least one cow, and could rent a tenant farmer's position (housing and work dependent on a larger farmer). That's when emigration offered a good alternative. Young people married in the habor town before leaving Bremen or immediately after arriving in the United States.

There were also couples who had fallen in love beyond the limits of their social class, and who could not get consent to get married from their families. Likewise, single mothers, sometimes alone, sometimes with their child's father, saw emigration as their only chance to escape social stigma.

Deportations

It happened again and again that disagreeable persons were deported together with their families. These were "beggars, drunkards, thieves" as well as "inmates of penitentiaries", for whom the state or the municipality financed the passage. In order to relieve the municipalities' funds for the poor, destitute families were also gladly deported. After all, the one-time payment of a ship passage was cheaper than many years of supporting them. Another group of disagreeable citizens were those who spoke out critically against the ruling state and stirred up a rebellion. They were pressured to leave the country and were often given the necessary money to go.

Small Emigration

In the northern German areas, the right of inheritance applied only to one son, most of the time to the eldest. The other sons and daughters had to marry onto other farms or accept a Heuerleute position. This meant that they had to enter into a service obligation for a farmer, who paid poorly.

Das Heiratsrecht galt nur für solche, die auch zumindest ein kleines Auskommen vorweisen konnten. Eine Möglichkeit, Geld zu verdienen, war die Saisonarbeit in den Niederlanden. Das Land gehörte damals zu den reichsten Ländern der Welt. Die Niederländer benötigten Arbeitskräfte für die Landwirtschaft, weil ihre eigenen Leute in Handel und Schifffahrt tätig waren.

Die *Hollandgänger* gingen meistens von April bis Ende Juni zur Arbeit nach Holland. Auf bestimmten Wanderrouten schlossen sie sich zum Schutz vor Überfällen in Trupps zusammen. Frachtwagen mit dem Gepäck fuhren voraus und die Männer wanderten die oft 100 bis 150 km weite Strecke zu ihren holländischen Arbeitgebern zu Fuß. Bis der Bauer sie zur Ernte brauchte, waren sie wieder da. Ihre Arbeit war das Grasmähen und Torfstechen. Sie wurden in holländischen Gulden in bar bezahlt.

Daher waren die deutschen Behörden damit einverstanden und erteilten Pässe und Ausreiseerlaubnisse, denn die Saisonarbeiter brachten Devisen ins Land.

Die Arbeit war hart und schwer, wurde aber im Vergleich zu den kargen, meist auf Unterkunft und Naturalien beschränkten Löhne in der Heimat gut bezahlt. Im Laufe der Zeit brachten die Hollandgänger viel Wissen mit, beispielsweise für die Entwässerungs- und Mühlentechnik.

The right to marry applied only to those who could present at least a small income. An opportunity to earn money was seasonal work in the Netherlands. At the time, the country was considered as one of the richest countries in the world. The Dutch needed workers for farming because their own people were engaged in trade and shipping.

The so-called Hollandgänger mostly went to Holland from April to the end of June. They walked on certain migratory routes and gathered in groups to protect themselves from raids. Freight wagons went ahead with their luggage and the men walked the often 100 to 150 kilometers (about 62 to 93 miles) distance to their Dutch employers by foot. By the time the farmer needed them for the harvest, they were back. Their work was mowing grass and cutting turf. They were paid cash in the Dutch currency Gulden.

Therefore, the German authorities agreed and issued passports and exit permits, because the seasonal workers brought foreign currency into the country. The work was hard and arduous but paid well compared to the low wages back home, which were mostly reduced to housing and natural products. In the course of time, the Hollandgänger brought a lot of knowledge with them – for example regarding drainage and mill technologies

4 Hollandgänger auf dem Trachtenfest in Quakenbrück, 1905, Stadtmuseum Quakenbrück

Sie tranken erstmals Kaffee und lernten die Kartoffel kennen. Sie erfuhren, dass es auch andere Lebensweisen und Mentalitäten gab. Einige Arbeiter blieben in den Niederlanden, fanden eine dauerhafte Arbeit dort und gründeten eine Familie. Die meisten kehrten jedoch zurück. Das Wissen und die Erfahrung in einem anderen Land zu arbeiten, die Organisation der Anreise, die Verständigung in einer anderen Sprache, der Umgang mit fremdem Geld, ausländischen Arbeitgebern sowie anderen Lebens- und Denkweisen waren wichtige Vorerfahrungen, die später die Entscheidung zur großen und endgültigen Auswanderung in vielen Fällen erleichterte

They drank coffee for the first time and got to know the potato. They learned that there were different ways of life and mentalities. Some workers stayed in the Netherlands, found permanent work there and started a family. However, most of them returned. The knowledge and experience of working in another country, the organization of the journey, dealing with foreign money, foreign employers, different ways of living and thinking were important first experiences. Later, these experiences often made the decision for the great and final emigration easier.

]

Dreaming of America

Sonntagnachmittag, drei Männer sitzen still in der Wohnstube am Ofen, ein kleiner Junge schläft tief und fest. An der Wand tickt die Uhr. Über dem Ofen eine Karte der Vereinigten Staaten von Amerika. Wo sind die Gedanken der Männer? Träumen sie von einem fernen Land? Die Zeitungen berichten von unzähligen Menschen, die die Reise ins Ungewisse wagen. Was lockt die Menschen an diesem Amerika?

Sunday afternoon, three men sit quietly in the living room by the stove, a little boy is fast asleep. The clock on the wall is ticking. Above the stove there is a map of the United States of America. What are the men thinking about? Are they dreaming of a faraway country?
The newspapers report of countless people who had dared to embark on a journey into the unknown. What attracts people to this America?

5 Albert Anker, The farmers and the newspaper, 1867, Kunsthaus Zürich

• Alle Bürger haben Rechte, sind frei und unabhängig von feudalen Herrschaften.	• *All citizens have equal rights, are free and independent of feudal rulers.*
• Es gibt reichlich vorhandenes Land, das jeder zu geringen Kosten erwerben kann.	• *There is abundant land that anyone can acquire at a low cost.*
• Die Steuern und Abgaben sind gering.	• *Taxes and duties are low.*
• Die amerikanische Regierung wird demokratisch gewählt.	• *The American government is democratically elected.*
• Es gibt keine Klassengesellschaft.	• *There is no class-based society.*
• Jeder kann seine Religion frei ausüben.	• *Everyone may practice religion freely.*
• Es besteht keine Militärpflicht.	• *There is no compulsory military service.*
• Es gibt Aufstiegschancen für jeden, der fleißig und strebsam ist.	• *There are opportunities for climbing up the social ladder for everyone.*
• Die Kinder erhalten kostenlose Bildung.	• *Children receive free education.*
• Es gibt mehr Schutz vor Krankheiten und Medizin.	• *There is better medicine and protection from diseases.*

Die Auswanderer, die es geschafft hatten in die Vereinigten Staaten von Amerika zu gelangen, bemerkten natürlich nach einiger Zeit, dass nicht alles so war, wie sie es sich vorgestellt hatten:
Die Männer, die sich in einem deutschen Land der Militärpflicht entzogen hatten, fanden sich im amerikanischen Bürgerkrieg wieder.
Es gab Reibereien mit den englisch-amerikanischen Einwohnern, die teilweise sogar zu lokalen Unruhen führten wie 1865 in Cincinnati.
Menschen- und Bürgerrechte galten nur für Weiße, es gab Sklaven und unterdrückte Ureinwohner. Krankheiten brachen aus, wie eine Cholera-Epidemie im Jahre 1856. Die Einwanderer mussten hart und schwer arbeiten und das Einrichten einer Farm war teuer.

Auch wenn diese Tatsachen bekannt waren, so überwog das Positive. In der Mitte des 19.Jahrhunderts lebten schon mehrere Hunderttausend Deutsche in den Vereinigten Staaten von Amerika und berichteten ihren Familien, Freunden und Bekannten von Freiheit und Wohlstand in ihrer neuen Heimat. Diese Informationen aus erster Hand führten dazu, dass immer mehr Menschen sich entschlossen, auch auszuwandern. In der Folge setzte eine *Kettenwanderung* ein.

Of course, those emigrants who managed to get to the United States of America noticed after some time that not everything was as they had imagined:
Men who had evaded military duty in a German state found themselves in the American Civil War. There was friction with the Anglo- American inhabitants, which sometimes even led to local riots as in 1865 in Cincinnati.
Human and civil rights applied to white people only, and there were slaves and oppressed Native Americans.
Diseases broke out, such as a cholera epidemic in 1856. Immigrants had to work hard and setting up a farm was expensive.

Even though these facts were well known, the positives outweighed the negatives. By the mid-19th century, several hundred thousand Germans were living in the United States and reporting to their families, friends and acquaintances about freedom and prosperity in their new homeland. This first- hand information led to more and more people deciding to emigrate as well, and a chain migration *began.*

Die Häfen der Auswanderer in Europa *Emigration ports in Europe*

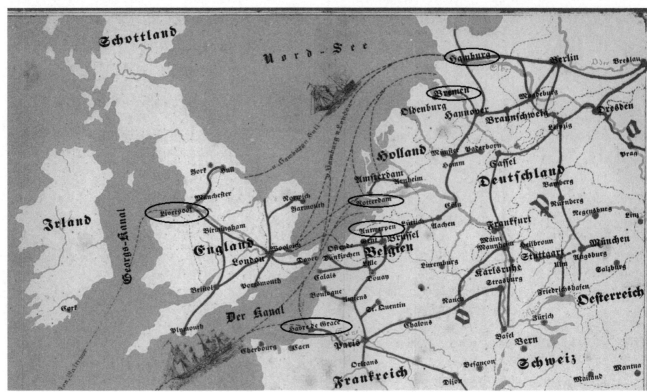

6 Karte und Wegweiser nach Amerika von Gotthelf Zimmermann, Ausschnitt europäische Häfen, 1851

Liverpool:

Der Hafen in England war zwar am weitesten von den deutschen Staaten entfernt, aber die Schiffspassage war bedeutend günstiger als von den anderen Häfen. Dafür wurde auch eine umständliche Anreise über Rotterdam oder Hamburg nach zunächst Hull und danach über den Landweg nach Liverpool in Kauf genommen. Selbst Warnungen vor den schlechten Überfahrtsbedingungen konnten viele Auswanderer nicht abhalten. So gab es auf den englischen Schiffen nur Selbstverpflegung und die Behandlung durch Kapitäne und Mannschaften war äußerst schlecht.

Oft brachen Seuchen aus und die Todesrate war hoch. Daher bezeichnete man die Schiffe auch als schwimmende Särge und nannte sie „coffin ships". Dennoch fuhren in der ersten Hälfte des 19. Jahrhunderts viele Menschen über den Liverpooler Hafen nach Amerika. Gerne wurden auch unliebsame, politisch auffällig gewordene Menschen, Straffällige oder Leute, die den Armenkassen ihrer Gemeinden zur Last fielen, über diese billigste Auswanderungsroute abgeschoben.

Liverpool:

The port in England was the farthest from the German states, but the passage by ship was significantly cheaper than from other ports. In exchange, the complicated journey via Rotterdam or Hamburg to first Hull and then overland to Liverpool was accepted by many. Even warnings about the poor crossing conditions could not keep many emigrants away. Often they got no food on the English ships and had to care for themselves and the treatment by captains and crews was extremely poor.

Diseases broke out and the death rate was high. Therefore, the ships were also referred to as floating coffins and called "coffin ships". Nevertheless, in the first half of the 19th century, many people sailed to America via the port of Liverpool. Unpopular, politically conspicuous people, offenders or people who were a burden on the poor funds of their communities were also gladly deported via this cheapest emigration route.

Le Havre:

Le Havre in Frankreich war im 18. Jahrhundert und im frühen 19. Jahrhunderts der von Deutschen am meisten angefahrene Hafen. Er lag direkt am Meer und konnte aufgrund des Tiefwassers von den Schiffen gut angelaufen werden. Besonders Auswanderer aus dem süddeutschen Raum gelangten auf dem Landweg über Paris zum französischen Hafen.

Schon 1850 gab es von Köln aus eine frühe Eisenbahnlinie, die in 20 Stunden Paris erreichte. Nach einer Übernachtung fuhren die Reisenden in 7 Stunden direkt zum Schiffsanleger in Le Havre weiter. Auch aus dem Norden, aus Preußen und dem Königreich Hannover kamen Auswanderer. Es waren vor allem junge Männer, die noch militärpflichtig waren und die Ausreise über einen deutschen Hafen vermeiden wollten. Die Abfahrt von diesem französischen Hafen verkürzte außerdem die Schifffahrt nach Nordamerika um bis zu zwei Wochen, da die Fahrt durch die Nordsee und den Ärmelkanal entfiel.

Rotterdam:

Die niederländischen Häfen **Rotterdam und Amsterdam** sowie der belgische Hafen **Antwerpen** waren von Deutschland aus über den Rhein leicht zu erreichen, denn hier fließt der größte deutsche Fluss in einem Mündungsdelta in die Nordsee. Als der erste Massensturm 1816/1817 aus den süddeutschen Ländern kam, waren diese Güter-und Warenhäfen jedoch nicht auf den großen Andrang vorbereitet.

Für viele war die Reise hier schon zu Ende, denn sie konnten sich die Wartezeiten in den teuren Städten nicht leisten: „Bald füllten sie die Kranken- und Armenhäuser der Städte, die Auswanderer bettelten in den Straßen oder versuchten irgendwie in die Heimat zurückzukommen."[2] Daraufhin wurde für einige Jahre der Auswanderertransport ganz verboten.

Mitte des 19. Jahrhunderts wurde mit der Erschließung der Transportwege durch die Eisenbahn der Hafen von Rotterdam wieder interessant, doch spielte er nun für die deutsche Auswanderung eine untergeordnete Rolle, weil deutsche Häfen inzwischen bessere Konditionen boten.

Le Havre:

This port in France was the most frequented by Germans in the 18th century and early 19th century. It was located close to the sea and could be easily accessed due to the deep water. Particularly emigrants from Southern Germany reached the French port by land via Paris.

As early as 1850, there was a railroad connection from Cologne that arrived at Paris in 20 hours. After an overnight stay, the travelers continued their journey in 7 hours – directly to the ship's dock in Le Havre. Emigrants also came from the Northern states, from Prussia and the Kingdom of Hanover. These were mainly young men who were still subject to military service and wanted to avoid leaving via a German port. Departure from this French port also shortened the shipping journey to North America by up to two weeks since there was no crossing the North Sea nor the English Channel.

Rotterdam:

*The Dutch ports of **Rotterdam** and **Amsterdam** as well as the Belgian port of **Antwerp** were easily accessible from Germany via the Rhine, because this is where Germany's largest river flows into the North Sea in an estuary delta. However, when the first mass influx came from the southern German countries in 1816/1817, these ports of goods and merchandise were not prepared for big crowds.*

For many, the journey ended here because they could not afford the waiting times in the expensive cities. They started begging in the streets, filling the poorhouses and somehow trying to get back home. As a result, emigrant transportation was banned altogether for several years.

In the middle of the 19th century, with the development of transport routes by rail, the port of Rotterdam became an interesting route again, but it now played a minor role for German emigration because meanwhile German ports offered better conditions.

---

[2]Dirk Hoerder, Diethelm Knauf (Hrsg), Aufbruch in die Fremde, Edition Temmen, 1992, S. 78

Bremen:

Nach der ersten Auswandererwelle von 1816 aus dem Süden der deutschen Länder ebbte der Strom der Ausreisewilligen zunächst ab, nahm aber ab 1825 wieder zu. Jetzt entschlossen sich auch Menschen aus der Mitte und dem Norden des Deutschen Bundes dazu, ihre Heimat für immer zu verlassen. Im Gegensatz zu Hamburg sah Bremen in der Beförderung von Auswanderern eine große Chance und ein gutes Geschäft.

Da der Fluss Weser und der Hafen in der Stadt Bremen allerdings immer mehr versandeten und große Segelschiffe nicht mehr einfahren konnten, entschlossen sich die Bremer, einen neuen Hafen an der Wesermündung anzulegen. Bremerhaven wurde 1830 eröffnet und entwickelte sich zum größten und jahrzehntelang bedeutendsten deutschen Auswandererhafen.

Hamburg:

Der Hafen von Hamburg blieb lange ein Hafen für den Güterhandel. Der Transport von Auswanderern wurde sogar zeitweilig untersagt. Erst in der zweiten Hälfte des 19. Jahrhunderts wurde das Geschäft erkannt und auf Passagierverkehr umgestellt. Mit dem Bau von Eisenbahnlinien wurde auch Hamburg ein großer Auswandererhafen, über den vor allem Menschen aus russischen und osteuropäischen Ländern auswanderten.

Der Wettbewerb der Auswandererhäfen

„Im Jahr 1851 gingen etwa 112.000 Deutsche nach Übersee, davon 3.000 über holländische Häfen, 9.000 über Antwerpen, 18.000 über Hamburg und fast 38.000 über Bremen. Mit über 44.000 nahm Le Havre die Spitzenposition ein. Ab der zweiten Hälfte der 1850er-Jahre entwickelte sich Bremen- noch vor Hamburg zum bedeutendsten kontinental europäischen Auswandererhafen"[3]

Passengers in 1851:		
	Rotterdam:	3.000
	Antwerpen:	9.000
	Hamburg:	18.000
	Bremen	38.000
	Le Havre:	44.000

Bremen:

After the first wave of emigrants in 1816 from the south of the German states, the flow of people wanting to emigrate decreased at first but increased again from 1825. Now people from the middle and north of the German Confederation also decided to leave their homeland for good. In contrast to Hamburg, Bremen saw a great opportunity and good business prospects with the transportation of emigrants.

However, as the river Weser and the harbor in the city of Bremen became increasingly silted up and large sailing ships could no longer enter, the people of Bremen decided to build a new harbor at the mouth of the Weser. Bremerhaven was opened in 1830. This port developed into the largest and for decades the most important German emigrant port.

Hamburg:

The harbor of Hamburg remained a trading port for a long time. The transport of emigrants was even temporarily prohibited. It was not until the second half of the 19th century that the chances of the business were recognized and the port was converted to cater for passenger traffic. With the construction of railroad lines, Hamburg became a major emigrant port, mainly for people from the Russian and Eastern European countries.

Competition of emigration ports

"In 1851, about 112,000 Germans went overseas, 3,000 of them via Dutch ports, 9,000 via Antwerp, 18,000 via Hamburg and almost 38,000 via Bremen. Le Havre took the top position with over 44,000. From the second half of the 1850s, Bremen-Bremerhaven developed into the most important continental European emigrant port, ahead of Hamburg."

---

[3] Horst Rößler, „Reise, Hafenstädte, Überfahrt" in: Good Bye Bayern, Grüß Gott America, 2004 Haus der Bayrischen Geschichte, S. 53

Gepäck   *Luggage*

Der Koffer im 19.Jahrhundert war eine Holztruhe mit jeweils einem Tragegriff an den Seiten. Oft war die Kiste zusätzlich mit Eisen beschlagen, hatte ein sicheres Schloss und wurde mit dem Namen des Eigentümers und dem Bestimmungsort groß beschriftet. Die Auswanderer waren gehalten, möglichst wenig Gepäck mitzunehmen. So heißt es in den „Bremer Hinweisen":

„Eine Hauptregel für die Auswanderer ist, nicht zu viel Gepäck nach der neuen Heimat mitzunehmen. Es wird meist besser sein, das Überflüssige selbst mit einigem Schaden hier zu verkaufen, als in Amerika für die Weiterbeförderung teures Geld auszugeben, zumal dort häufig ganz andere Bedürfnisse vorwalten."[4]

So waren in diesen Reisekisten nur ein paar Kleidungsstücke, wollene Decken, Ballen von gewebtem Leinen, oftmals die gewohnten Holzschuhe, kleine Andenken an die Heimat, Gebetbücher und Kerzen. Ferner Seife für die Körperpflege und haltbare Nahrungsmittel wie Schwarzbrot, Schmalz und geräucherter Schinken, Hafergrütze, Möhren und gedörrtes Obst und oft auch eine tönerne Flasche mit Branntwein, die im Notfall auch für medizinische Zwecke nützlich war.

Die Verwandten, die schon ausgewandert waren, rieten dringend, nichts Unnötiges mitzubringen.

Alles Hab und Gut wurde vor der Reise verkauft: Hausrat, Werkzeuge, Möbel, Bekleidung und wenn man etwas vermögender gewesen war, Haus und Garten, Vieh und Acker. Das musste oft unter Wert verkauft werden, denn auf Handeln ließ sich im Heimatort kaum noch jemand ein. Dennoch brachte es zusätzliches Reisegeld und sorgte mit dem übrigen Ersparten durch Heimwerken oder Saisonarbeit für einen Neustart im fernen Amerika.

The suitcase in the 19th century was a wooden chest with a carrying handle on each side. Often the chest was additionally shod with iron, had a secure lock and had a label with the owner's name and the destination in large letters. The emigrants were urged to take as little luggage as possible. This is what it said in the "Notices for Bremen":

"A main rule for emigrants is not to take too much luggage with them to their new home. It will usually be better to sell everything that is unnecessary to take, even if it's sold at a loss, rather than to spend expensive money in America for further transportation, especially since over there, there will be quite different needs."

Thus, these travel boxes contained only a few pieces of clothing, woolen blankets, bundles of woven linen, often familiar wooden shoes, small souvenirs from home, prayer books and candles. Furthermore, soap for personal hygiene and preserved foods, such as rye bread, smoked ham, porridge, carrots, and dried fruits. Often, there was a clay bottle filled with brandy which served for medical purposes in case of need.

The relatives, who had already emigrated, strongly advised against bringing anything unnecessary. Thus, all belongings were sold before the journey: Household goods, tools, furniture, clothing. Those who had been a little wealthier, sold their house and garden, cattle and fields. Often they got less than its value, because hardly anyone in their hometown was willing to bargaining prices at this point. Nevertheless, the sales brought additional travel money and, together with the remaining savings through homework or seasonal work, provided for a good new start in faraway America.

7 Immigrant trunk with wooden shoes and bibles on display, German Heritage Museum Cincinnati

---

[4] Verhaltensmaßregeln und Winke für Auswanderer während ihres Aufenthaltes in Bremen, Bremerhaven und auf dem Seeschiffe, Punkt 7, in: Osnabrücksche Anzeigen vom 17. März 1853

Schiffskarten und Dokumente

Das „Reisebillet"

In der ersten Hälfte des 19.Jahrhunderts erwarben und bezahlten die Auswanderer ihre Schiffstickets, auch Reisebillet genannt, meistens erst im Hafen. Es gab in den deutschen Ländern viele verschiedene Währungen. Fast jeder Kleinstaat, jedes Königreich oder jede Grafschaft druckte und prägte das eigene Geld.

Am stabilsten waren der Taler im Norden und der Gulden im Süden des Deutschen Bundes. Ein preußischer Taler hatte 24 Groschen oder 288 Pfennige. Der bayrische Gulden bestand aus 60 Kreuzer oder 240 Pfennige oder Heller. Bei Gründung des deutschen Reiches 1871 wurde eine einheitliche Währung geschaffen: die Reichsmark. Eine Mark entsprach 10 Groschen und 100 Pfennigen.

Überfahrtspreise auf den Schiffen

Tickets and Documents

Ticket

In the first half of the 19th century, emigrants usually purchased and paid for their ship tickets, also called Reisebillet in old German, once they arrived at the port. There were many different currencies in the German states. Almost every small state, kingdom or county printed and minted its own money.

The most stable were the Taler in the north and the Gulden in the south of the German Confederation. A Prussian Taler had 24 Groschen or 288 Pfennig. The Bavarian Gulden consisted of 60 Kreuzer or 240 Pfennig or Heller. When the German Empire was founded in 1871, a common currency was created: the Reichsmark (R Mark). One mark was equal to 10 Groschen and 100 Pfennig.

Approximate prices for ship passages

Sailing ship ...until 1879	Steam sailer 1857 - 1900	Fast steamer 1880 - 1914	Ocean liner 1899...1923
steerage: 30 Taler cabin: 60 Taler	steerage: 55 Taler cabin: 120 Taler	steerage: 60 Taler 2nd class: 110 Taler 1st class: 150 Taler	steerage: 120 RM 2nd class: 300 RM 1st class: 500 RM

Die Überfahrtskosten betrugen oft mehr als ein Jahreseinkommen der meisten Auswanderer. Ein Knecht verdiente im Jahr 1830 im Königreich Hannover 15 Taler jährlich. Ein Großknecht, der sich hochgearbeitet hatte, bekam 24 Taler. So musste er ein bis zwei Jahreslöhne sparen, um sich die Passage leisten zu können.

In den norddeutschen Staaten war es für diese von den Großbauern abhängige Unterschicht auch möglich, als Saisonarbeiter im Sommer für drei Monate nach Holland zu gehen, um dort in der Ernte oder beim Torfstechen 20 bis 25 Taler dazu zu verdienen.
Eine Dienstmagd erhielt dagegen nur acht Taler im Jahr. Für sie war eine einzelne Auswanderung, auch als Frau vor 1880 nicht möglich. Einfacher war es für einen Handwerker, der um die 100 Taler Jahreslohn bekam, seine Überfahrt zu finanzieren.

For most emigrants, the crossing costs often amounted to more than one year's income. In the year 1830, a farmhand in the Kingdom of Hanover earned 15 Taler annually. A foreman, who had worked his way up, got 24 Taler. Thus, he had to save up one to two years of his wages to afford the passage.

In the northern German states, it was also possible for this lower class, dependent on the farmowners, to go to Holland as seasonal workers for three months in the summer. There one could earn an additional 20 to 25 Taler by helping with the harvest or with cutting turf. A maid, however, received only eight Taler a year. A woman could not emigrate on her own before 1880. Money was one reason, but there were other reasons as well. For a craftsman, who received around 100 Taler a year, it was easier to finance his passage.

Waren die Menschen in Amerika angekommen, mussten sie sehr hart arbeiten, aber die Löhne waren um ein Vielfaches höher. So verdiente ein landwirtschaftlicher Gehilfe auf einer Farm 100 bis 120 Dollar im Jahr, eine Magd bekam neben Unterhalt und Verpflegung 40 bis 50 Dollar. Arbeiter, die beim Bau der amerikanischen Kanäle eingesetzt waren, konnten 1837 sogar monatlich 20 Dollar und mehr verdienen.[5]

Once people arrived in America, they had to work very hard, but wages were many times higher. For example, a farm hand earned between 100 and 120 Dollar a year, and a maid received 40 to 50 Dollars in addition to free accommodation and board. In 1837, workers employed in the construction of the American canals could earn 20 Dollars or more per month

Prepaid Ticket

Ab der Mitte des 19.Jahrhunderts waren schon viele Menschen ausgewandert und hatten sich in Nordamerika niedergelassen. Sie waren jetzt in der Lage, Verwandte und Bekannte nachzuholen. Für deren Passage gab es Prepaid Tickets zu kaufen. Sie konnten nicht nur die Schifffahrt selber, sondern die Anfahrt zu den Häfen sowie die Weiterreise in den USA im Voraus buchen und sogar Reisegeld in bar überweisen. Damit war den nachfolgenden Auswanderern eine finanziell sichere Überfahrt garantiert.

From the middle of the 19th century, many people had emigrated and settled in North America. They were now able to get relatives and friends over, too. As such, they could buy prepaid tickets for their passages. Not only the ship passage itself was available for booking in advance, but also the journey to the ports and the further journey in the USA. Even travel money in cash could be transferred in advance. This guaranteed the subsequent emigrants a financially secure passage.

Redemptioner System

Das war Anfang des 19. Jahrhunderts ganz anders gewesen. Wenn jemand wenig oder kein Geld hatte, gab es nur die Möglichkeit, schon im europäischen Hafen einen Arbeitsvertrag für einen amerikanischen Auftraggeber zu unterschreiben, der für alle Reisekosten aufkommen würde. Dies hatten die Auswanderer nach der Ankunft im Land abzuarbeiten. Redemption heißt Erlösung, das heißt, durch die Arbeit mussten die Auswanderer sich von den Überfahrtkosten „erlösen".

This had been quite different in the early 19th century. If someone had little or no money, the only option was to sign an employment contract for an American employer who would pay for all travel expenses while still in the European port. After arriving in the country, the emigrants had to work off their debts.

Für viele war das die einzige Chance, die auch von einigen ehrbaren und zuverlässigen Unternehmern in Amerika eingehalten wurde. Es gab jedoch auch viele skrupellose Geschäftemacher, die die Menschen mit großen Versprechungen lockten und sie in jahrelange Arbeitsverhältnisse drängten, die in einer sklavenähnlichen Abhängigkeit die Einwanderer nicht in bessere, sondern in noch elendere Verhältnisse brachten, als sie es in einem deutschen Land schon erlebt hatten. Diese schändliche Praxis wurde in den 1820er Jahren beendet.

For many, this was the only chance and a common practice even among respectable and reliable entrepreneurs in America. However, there were also many ruthless profiteers who initially lured people with great promises. But then they pushed the emigrants into working conditions which brought them into slave-like dependence. Thus they were trapped in worse and more miserable situations than they had already experienced in a German country before. This shameful practice was put to an end in the 1820s.

---

[5] Holtmann, Antonius „Ferner thue ich euch zu wissen...", Edition Temmen, 1995, S. 10, S. 34 und S. 35

Arbeitsangebote

Allerdings gab es auch in den folgenden Jahren
Angebote von amerikanischen Unternehmen, die
Arbeitskräfte suchten und dafür die Anreisekos-
ten tragen wollten. Gegen 1880 gab es dagegen
Proteste und Streiks der Arbeitenden in amerikanischen Firmen. Sie wollten sich nicht von angeworbenen Einwanderern verdrängen lassen, die
zu Dumping Löhnen arbeiteten. Die Streikenden
hatten Erfolg und solche Arbeitsverhältnisse wurden verboten. In den Ankunftszentren wie Castle
Garden und später Ellis Island wurden die Einwanderer dazu befragt. Die Angabe eines schon
vereinbarten, festen Arbeitsverhältnisses wurde
zum Ausweisungskriterium und der Betroffene
wurde abgewiesen.

Job Offers

*However, in the years that followed, there were
job offers from American companies seeking
workers in exchange for the cost of travel. To-
wards 1880 workers in American companies got
up and took protest. They did not want to be dis-
placed by hired immigrants who worked for
dumping wages. The strikers were successful and
such labor agreements were banned. At arrival
centers such as Castle Garden and later Ellis Island, immigrants were questioned about this. The
indication of an already agreed-upon, permanent
employment relationship became the criterion for
expulsion. As a consequence, the individual was
refused entry into the United States*

8 Prepaid Ticket, 1889, Baltimore Magazin

Dokumente

Die Reisenden benötigten keine Dokumente für
die **Einwanderung** in die Vereinigten Staaten von
Amerika. Es reichte, wenn sie auf der Schiffsliste
verzeichnet waren. Für die **Auswanderung** aus
den deutschen Ländern brauchten sie jedoch eine
Genehmigung: den Auswandererkonsens. Auf
den Ämtern wurde geprüft: War noch Militärdienst abzuleisten? Waren Schulden vorhanden?
War der Ausreisewillige in der Lage, die Kosten
zu tragen? Hinterließ er Familienmitglieder, die
unversorgt waren?

Documents

*Travelers did not need documents to **immigrate** to
the United States. It was sufficient if they were
listed on the ship's passenger list. However, for
emigration from the German countries they
needed a permit: the emigrant consensus. The offices checked: Was there still military service to
be done? Did the person have debts? Was the emigrant able to pay the costs? Did he leave behind
family members who were not cared for?*

Wenn alle diese Fragen verneint werden konnten, bekam der Antragsteller den Auswanderungskonsens in Form einer Urkunde. In den meisten deutschen Ländern verlor er damit alle Bürgerrechte. Ungefähr 30 % aller Auswanderer holten keine Genehmigung ein und verließen damit das Land illegal.

Mit Gründung des deutschen Reiches 1871 wurde der Auswandererkonsens abgeschafft. Einen Reisepass beantragten in erster Linie die Menschen, die eine Rückkehr beabsichtigten.

Abgebildet ist ein Reisepass aus dem Königreich Hannover für Heinrich Ludwig Erdmann aus Eikholt im Kirchspiel Melle. Er wurde am 7.April 1854 im königlichen Amt in Melle ausgestellt und galt für ein Jahr.

If all these questions could be answered with no, the applicant received the emigration consensus in form of a certificate. In most German areas, this meant that the emigrant lost all civil rights in his homeland. About 30 % of all emigrants did not obtain a permit and thus left the country illegally.

With the foundation of the German Empire in 1871, the emigrant consensus was abolished. A passport was applied for primarily by those who intended to return. Pictured is a passport from the Kingdom of Hanover for Heinrich Ludwig Erdmann from Eikholt in the parish of Melle. It was issued on April 7, 1854 at the royal office in Melle and was valid for one year.

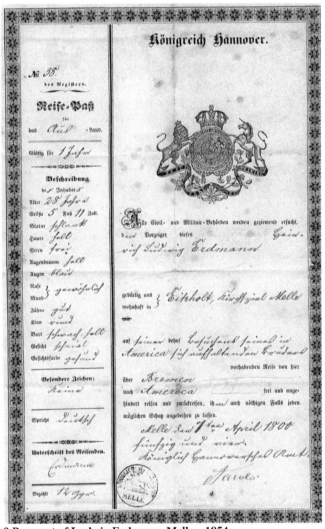

9 Passport of Ludwig Erdmann, Melle, , 1854

Der Siebenundzwanzigjährige gab an, dass er seinen Bruder in Amerika besuchen wolle. In diesem Dokument werden alle Zivil- und Militärbehörden ersucht, „Ludwig Erdmann frei und ungehindert reisen und zurückreisen zu lassen und ihm auch nötigenfalls jeden möglichen Schutz angedeihen zu lassen."

Ein Reisepass war nur erforderlich für die deutschen Behörden und vor allem dann, wenn derjenige, wie Ludwig Erdmann, wieder zurückkehren wollte. In den USA galt eine Passpflicht erst ab 1921.[6]

The twenty-seven-year-old stated that he wanted to visit his brother in America. In this document, all civil and military authorities were requested to allow "Ludwig Erdmann to travel and return freely and unhindered, and also to provide him with all possible protection if necessary".A passport was only necessary for the German authorities, especially if a person, like Ludwig Erdmann, wanted to return. In the USA, a passport was not required until 1921.

[6] Kamphoefner u.a. Von Heuerleuten und Farmern, S. 109

Auf Pferdefuhrwerken zum Hafen

Am Abend vor dem Aufbruch wurden die Frachtwagen mit den Kisten der Auswanderer beladen. Viel konnten sie nicht mitnehmen. Kleidung, ein paar Ballen Leinen, Essgeschirr für die Überfahrt, ein Gebetbuch sowie kleine persönliche Andenken, vielleicht eine Uhr oder ein gerahmtes Bild. Der Reisekoffer jener Zeit war eine Holztruhe, mit jeweils einem Tragegriff an den Seiten, beschriftet mit dem Namen der Eigentümer und dem Bestimmungsort. Haltbares Essen wurde verstaut, wie geräucherter Schinken, Schwarzbrot, Schmalz und Grieben, um das karge Essen auf dem Schiff zu ergänzen.

Dann kam die Stunde des endgültigen Abschieds von den Zurückbleibenden, die jemals wiederzusehen, sehr unwahrscheinlich war. Die Herzen waren schwer, denn kaum einer verließ die Heimat, um das Abenteuer zu suchen. Not und Armut und die Aussicht auf ein besseres Leben waren der Antrieb. In den frühen Morgenstunden ging es los auf eine beschwerliche Reise, in eine ungewisse Zukunft. Die Pferdefuhrwerke standen bereit. Ältere Leute und Frauen mit kleinen Kindern saßen auf dem hoch mit Kisten bepackten Wagen, jüngere und kräftigere Leute schritten neben dem Wagen her. Viele trugen neue Holzschuhe, das letzte Andenken aus der Heimat.

On horse-drawn carts to the port

In the evening before the departure, the freight wagons were loaded with the trunks of the emigrants. They could not take much with them. Clothes, a few bundles of linen, crockery for the crossing, a prayer book, and small personal keepsakes, perhaps a watch or a framed picture. The suitcase of the time was a wooden chest, with a carrying handle on each side, labeled with the owner's name and intended destination. The chest also included durable food items, such as smoked ham, rye bread, lard and greaves. This was done to supplement the sparse food supplies on the ship.

Then came the time of the final farewell to those who remained behind. To ever see them again was very unlikely. Hearts were heavy, for hardly anyone left home to seek adventure. Need and poverty and the prospect of a better life were the driving forces behind the emigration. In the early hours of the morning, the emigrants set out on a dangerous journey and into an uncertain future. The horse-drawn carts were ready. Elderly people and women with small children sat on the wagon, which was heavily loaded with boxes, while younger and stronger people walked alongside the wagon. Many wore new wooden shoes – a last souvenir from home.

10 Christian L. Bokelmann, Farewell of the emigrants, 1882. Dt Archäologisches Museum, Hamburg

Die Wege waren holprig und nicht selten steckten die Fuhrwerke im Morast fest. Erst Anfang des 19. Jahrhunderts wurden Straßen angelegt und die Wege befestigt. Auf den Routen der Auswanderer lagen Gasthöfe und Herbergen am Wege. Zur Nacht konnte man einkehren und meistens auf einem Strohlager in einem großen Dielenraum die Nacht verbringen. Allmählich wich der Abschiedsschmerz dem Staunen und all den neuen Eindrücken der fremden Landschaft und neuen Umgebung. Die weit überwiegende Mehrzahl der Emigranten war noch nie über den Heimatort hinausgekommen.

Auf Flusskähnen zum Hafen

Die Menschen aus den süddeutschen Ländern bestiegen nun zunächst die kleinen Boote der großen deutschen Flüsse des Rheins, der Elbe und der Weser, um zu den Häfen am Meer zu gelangen. Dies war sehr beschwerlich und konnte bis zu 6 Wochen dauern. Die Schiffe fuhren unter Segeln oder wurden am Ufer von starken Männern oder wuchtigen Pferden gezogen.

Es gab ständig Unterbrechungen, denn es mussten Grenzen überquert und Zölle bezahlt werden.

Allein zwischen der Stadt Mainz und dem Hafen in Rotterdam waren 29 Zollabgaben zu bezahlen.[7] Als ab 1830 die Zollgrenzen abgebaut wurden und die ersten Dampfschiffe mit lautem Getöse den Rhein hinunter tuckerten, führte das zu erheblichen Verbesserungen. Die bis dahin oft wochenlangen Flussfahrten verkürzten sich auf wenige Tage.

The roads were bumpy and it happened quite often that the carts got stuck in the mud. It was not until the beginning of the 19th century that roads were built and the paths paved. On the routes of the emigrants there were inns and hostels along the way. The emigrants could stop there and spend the night. Most of the time, they slept on a straw bed in a large hallway. Gradually, the pain of parting gave way to the amazement and all the new impressions of the foreign landscape and new surroundings. The vast majority of the emigrants had never been out of their home places before.

On river barges to the harbor

The people from the southern German countries first boarded the small boats of the large German rivers of the Rhine, the Elbe and the Weser to get to the ports at the sea. This was very burdensome and could take up to 6 weeks. The ships moved forward through the power of their sails. However, when there was no wind, the ships were pulled on the shore by strong men, horses or oxen. There were constant interruptions because borders had to be crossed and customs duties had to be paid. Between the city of Mainz and the port in Rotterdam alone, 29 customs duties had to be paid. From 1830 onwards, customs borders were dismantled. At the same time, the first steamships chugged down the Rhine with a loud roar. This led to considerable improvements and the river journeys, which until then had often taken weeks, were shortened to a few days.

11 Emigrants on the Rhine, Illustration "Die Gartenlaube", 1864

---

[7] Hoerder Knauf (Hrsg) Aufbruch in die Fremde, Edition Temmen 1992

Mit dem Dampfboot zum Hafen

By steamboat to the harbor

Die „Defiance" war das erste mit Dampf angetriebene Schiff in Deutschland und befuhr 1816 zum ersten Mal den Rhein. Es gehörte einem Engländer. Die Menschen waren beeindruckt von der Geschwindigkeit des windunabhängigen Bootes. Wenn es vorbeifuhr, liefen die Leute zusammen und bestaunten vom Ufer aus begeistert, teils auch ehrfürchtig und ängstlich, diese hochmoderne Technik.

The "Defiance" was the first steam-powered ship in Germany and was on the Rhine for the first time in 1816. It belonged to an Englishman. People were impressed by the speed of the wind-independent boat. When it passed by, people ran together and marveled from the shore enthusiastically, sometimes also reverently and fearfully, at this ultra-modern technology.

12 Relief-Panorama des Rheines

Mit der Postkutsche zum Hafen

By stagecoach to the port

Einige wenige Auswanderer konnten es sich leisten, mit der Postkutsche zu reisen. Das Postkutschennetz war gut ausgebaut und weit verzweigt. Dennoch war auch dies eine ruckelige, anstrengende und lange Fahrt zu den Hafenstädten. Die Kutschen fuhren nicht durch, sondern wechselten an vielen Poststationen, so dass die Reisenden sehr häufig umsteigen und das Gepäck ständig umgeladen werden musste. In der zweiten Hälfte des 19. Jahrhunderts gab es Großraumkutschen, die bis zu 10 Menschen befördern konnten. Sie wurden Omnibus genannt.

A few emigrants could afford to travel by stage coach. The stagecoach network was well developed and widely branched out. Nevertheless, even this was a bumpy, exhausting and long ride to the port cities. The carriages did not pass through, but changed at many different post offices, so that the travelers had to change very often and the luggage had to be reloaded constantly. In the second half of the 19th century, there were large-capacity carriages that could carry up to 10 people. They were called Omnibus.

13 Stagecoach called Omnibus ready to leave, Heimatverein Ankum

Eisenbahnrouten der Auswanderer

Die Erfindung der Eisenbahn revolutionierte das Transportwesen, machte es erheblich schneller, bequemer und mit der Zeit auch preisgünstiger als alle Kutschen, Fuhrwerke oder Flusskähne.

Nach der ersten Fahrt mit der Eisenbahn von Nürnberg nach Fürth am 7. Dezember 1835, wurden in ganz Deutschland Schienen verlegt und Bahnhöfe gebaut. Schon 10 Jahre später überzog ein breites Netz von Bahnstrecken die deutschen Länder.

Routes

Die süd-östliche Route von München nach Hamburg oder Bremen

Schon 1848 war eine durchgehende Eisenbahnlinie von München nach Hamburg fertiggestellt. Die Fahrt auf der etwa 540 km langen Strecke dauerte 35 Stunden. Sie führte über Augsburg, Nürnberg, Bamberg, Leipzig, Halle, Magdeburg und Hannover nach Hamburg. Die Passagiere nach Bremen konnten in Hannover umsteigen.

Die süd-westliche Route von Basel nach Hamburg oder Bremen

Von Basel in der Schweiz kommend führte die Strecke über Freiburg, Heidelberg, Frankfurt, Köln und Düsseldorf nach Hannover. Hier wurde umgestiegen in die Züge nach Bremen oder Hamburg. Die Auswanderer waren 44 Stunden, also fast zwei ganze Tage unterwegs.

Vom Sammelpunkt Köln nach Bremen oder Hamburg

Wie schon vor der Eisenbahnzeit war Köln ein Sammelpunkt für Auswanderer aus vielen deutschsprachigen Ländern. Von hier aus konnten die Hafenstädte Bremen in 15 Stunden und Hamburg in 20 Stunden mit dem Zug bequem erreicht werden.

Railroad Routes of the emigrants

The invention of the railroad revolutionized transportation. The railroad made travel much faster, more comfortable, and in time, less expensive than any carriage, wagon, or river barge.

After the first rail trip in Germany took place from Nürnberg to Fürth on December 7, 1835, rails were laid out and train stations were built all over Germany. Just 10 years later, a wide network of rail lines covered the German states.

Routes

The south-eastern route from Munich to Hamburg or Bremen

A continuous rail line from Munich to Hamburg was completed in 1848. The journey on the approximately 540 kilometers (about 336 miles) long route took 35 hours. It led via Augsburg, Nuremberg, Bamberg, Leipzig, Halle, Magdeburg and Hannover to Hamburg. Passengers to Bremen were able to change trains in Hannover.

The south-western route from Basel to Hamburg or Bremen

Coming from Basel in Switzerland, the emigrants traveled via Freiburg, Heidelberg, Frankfurt, Cologne and Düsseldorf to Hannover. Here they changed trains for Bremen or Hamburg. The emigrants were on the rail for 44 hours – almost two whole days.

From the assembly point Cologne to Bremen or Hamburg

As was the case before the railroad era, Cologne was a gathering place for emigrants from many German-speaking areas. From here, the port cities of Bremen (in 15 hours) and Hamburg (in 20 hours) could be reached easily by train.

Vom Sammelpunkt Köln nach Le Havre und Antwerpen.

Nicht nur die Süd-Nord Route, auch die Ost-West Route führte häufig über Köln. Zum belgischen Hafen nach Antwerpen gelangten die Zugreisenden in 8 Stunden.

Für die Fahrt in den französischen Hafen Le Havre ging es zunächst in 17 Stunden nach Paris. Nach einer Übernachtung in der französischen Hauptstadt fuhren die Auswanderer am nächsten Tag in 7 Stunden direkt an den Kai von Le Havre, wo die Passagiere durchweg ohne Verzögerung auf einem Ozeandampfer eingeschifft werden konnten.

From the assembly point Cologne to Le Havre and Antwerp

Not only the south-north route, but also the east-west route frequently passed through Cologne. Train passengers reached the Belgian port of Antwerp in 8 hours.

For the trip to the French port of Le Havre, the train first took 17 hours to Paris. After an overnight stay in the French capital, the next day saw the emigrants traveling directly to the quay of Le Havre in 7 hours. Here, the passengers could embark without delay onto an ocean liner.

14 Historic Railroad Map, 1879

Eisenbahnfahrten in der zweiten Hälfte des 19. Jahrhunderts

Das Schienennetz wurde kontinuierlich weiter ausgebaut. Die Bahn wurde zu einem wetter- unabhängigen, zuverlässigen, vergleichsweise bequemen und stets verfügbarem Transportmittel. Auch sanken die Kosten der Anreise, weil kaum noch Wartezeiten mit Übernachtungen und zusätzlichen Verpflegungen anfielen. Oft reisten die Auswanderer nun in Sonderzügen zu ermäßigten Fahrpreisen, weil die Schiffsreedereien und Eisenbahngesellschaften entsprechende Vereinbarungen getroffen hatten.

Von Berlin nach Bremen

Von Berlin aus fuhr ein Extrazug, nur aus Schlafwagen bestehend, nach Bremen und Hamburg. In Hannover stiegen Auswanderer aus anderen Teilen Deutschlands zu. Einen Anschluss von Bremen nach Bremerhaven gab es seit 1862. Die Auswanderer konnten direkt vom Zug aus an Bord der Schiffe gehen oder sie warteten in der großzügigen Wartehalle des Norddeutschen Lloyd gegenüber am selben Kai. An dieser Stelle steht heute das Auswanderermuseum Bremerhaven.

Von Berlin nach Hamburg

Ab 1880 setzte eine verstärkte Auswanderung aus osteuropäischen Ländern ein. Diese Menschen sammelten sich in Berlin. Der Ansturm war so groß, dass ein eigener Bahnhof für die Auswanderer eingerichtet wurde. Vom diesem Bahnhof Ruhleben aus erreichten die Auswanderer Hamburg in etwa neun Stunden.

Rail travel in the second half of the 19th century

The rail network continued to expand. The railroad became a reliable, weather-independent, comparatively comfortable, and always available means of transportation. The cost of the journey decreased because there was hardly any waiting time due to overnight stays and additional meals. Often, emigrants now traveled in special trains at reduced fares because the shipping companies and the railroad companies offered special agreements.

From Berlin to Bremen

From Berlin, a special train consisting only of sleeping cars ran to the port cities of Bremen and Hamburg. In Hannover, emigrants changed from other parts of Germany. A railway connection from Bremen to Bremerhaven existed since 1862. Here, the emigrants could board the ships directly opposite the tracks or they waited in the waiting hall of the Norddeutscher Lloyd. This is where the German Emigration Museum stands today.

From Berlin to Hamburg

From 1880 onwards, an increased emigration from Eastern European countries began. These people gathered in Berlin. The rush was so great that a separate train station was set up for the emigrants. From Ruhleben station, the emigrants reached Hamburg after about nine hours.

Bremen und Bremerhaven

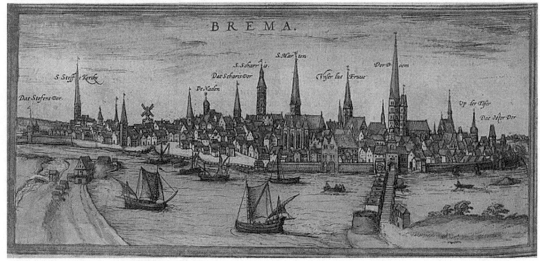

15 Bremen, 1650, Focke Museum Bremen

Bremen ist eine norddeutsche Hafenstadt an den Ufern der Weser, die nach etwa 50 Meilen in die Nordsee mündet. Auf einer aus dem Fluss emporsteigenden Sanddüne siedelten sich schon früh Fischer und Händler an. Im Mittelalter entstand an dieser Stelle der erste Hafen, wo die damals noch recht flachen Schiffe und Kähne festmachen konnten. Als die Boote größer wurden und die Anlegestelle nicht mehr ausreichte, schlug man Pfähle und Befestigungen etwas flussabwärts in das Ufer der Weser. Ein mittelalterlicher Hafen entstand, der mit einer Kaimauer und hölzernen Krähnen bestückt wurde. Der Hafen wurde „Schlachte" genannt, was von dem niederdeutschen Wort für schlagen abgeleitet wurde.

Das größte Problem der Weser, die sich in vielen Windungen, mit zahlreichen Nebenarmen, Sandbänken und Flussinseln bis zur Mündung hinschlängelte, war die zunehmende Versandung. Anfang des 19.Jahrhunderts entschloss sich daher die Stadt Bremen, einen neuen Hafen kurz vor dem offenen Meer anzulegen. Das benötigte Land, das dem Königreich Hannover gehörte, konnte gekauft werden und man beauftragte den jungen holländischen Wasserbaumeister Johan Jacob von Ronzelen mit der Anlage dieses neuen Hafens, der nach drei Jahren Bauzeit eröffnet werden konnte. Es entstand die Stadt Bremerhaven, die sich schnell entwickelte und 1851 schon 20.000 Einwohner zählte. Wirtschaft und Handel nahmen im 19. Jahrhundert einen großen Aufschwung, vor allem weil sich Bremen zu einem der führenden Auswandererhäfen Europas entwickelte.

Bremen is a North German port city on the banks of the river Weser, which empties into the North Sea after about 50 miles (80 kilometers). Here, fishermen and merchants had settled early on a sand dune rising from the river. In the Middle Ages, the first harbor was built on this spot where the ships and barges, which were still quite shallow at the time, could dock. When the boats grew larger and the piers were no longer sufficient, piles and fortifications were beaten into the bank of the Weser a little downstream. A medieval harbor was created, equipped with a quay wall and wooden cranes. The harbor was called "Schlachte", which was derived from the Low German word "slagen" for beating.

The biggest problem of the Weser, which meandered in many twists and turns, with numerous side arms, sandbanks and river islands all the way to the mouth, was the increasing accumulation of sand. This is also known as the process of silting up. At the beginning of the 19th century, the city of Bremen therefore decided to build a new harbor right on the shores of the open sea. The necessary land, which belonged to the Kingdom of Hanover, was purchased and the young Dutch hydraulic engineer Johan Jacob von Ronzelen was commissioned with the construction of this new harbor. After three years of construction, the harbor was opened. The city of Bremerhaven developed rapidly and in 1851 already had 20,000 inhabitants. Business and trade took off in the 19th century, especially because Bremen became one of the leading emigrant ports in Europe.

Die Anreise nach Bremerhaven zu den dort liegenden Schiffen war allerdings bis zu den 1860er Jahren eine anstrengende Angelegenheit. Die Passagiere bestiegen die offenen Weserkähne, die Segel setzen mussten, um den etwa 50 Meilen entfernten Hafen zu erreichen. Bei gutem Wetter, leichtem Wind und ablaufendem Wasser erreichten sie Bremerhaven in einem Tag bis in die Nacht hinein. Es konnte aber sein, dass die Fahrt aufgrund von Ebbe und ungünstigen Windverhältnissen viel länger dauerte. 1835 fuhr das erste Dampfboot auf der Weser, wetterunabhängig und wesentlich schneller. Eine Fahrt mit dem Dampfer war jedoch zunächst zu teuer für die meisten der mit ihrem Reisegeld scharf kalkulierenden Auswanderer. „Mitte der fünfziger Jahre hatte sich der Transport auf Leichtern durchgesetzt, die, zu mehreren aneinandergehängt, von Dampfschiffen nach Bremerhaven geschleppt wurden. Damit verkürzte sich die Reise nach Bremerhaven, die auf Weserkähnen oft bis zu drei Tagen dauerte, auf einen Tag."[8] Eine weitere erhebliche Verbesserung brachte der Bau der Eisenbahn. Die Strecke Bremen-Bremerhaven wurde 1862 eröffnet und verkürzte die Anfahrt zu den Schiffen auf zwei Stunden.

However, the journey to reach the ships docked in Bremerhaven was a strenuous affair up until the 1860s. Passengers boarded the open Weser barges, which had to set sail to reach the port some 50 miles away. With good weather, light winds and ebbing water, they reached Bremerhaven after about 24 hours, mostly at night or in the early morning.
But it could be that the trip took much longer due to low tide and unfavorable wind conditions. In 1835, the first steamboat sailed on the Weser. It was independent of wind and much faster. However, in the beginning, a trip by steamboat was too expensive for most of the emigrants, who were calculating sharply with their travel money. "By the mid-1850s, transport on barges had become established. Several of these were attached together and then towed to Bremerhaven by steamships. This shortened the trip to Bremerhaven, which often took up to three days on the Weser barges, to one day." Another significant improvement came with the construction of the railroad. The Bremen- Bremerhaven railway line was opened in 1862 and shortened the journey to the ships down to two hours.

16 Panoramakarte Weser bei Bremen, Focke Museum Bremen

---

[8] Auswanderung Bremen-USA, Führer des Deutschen Schiffahrtsmuseum Nr. 4

Zwei Freiheitsstatuen

Two statues of liberty

17 Bremen Marketplace, Roland Statue, 1880, Library of Congress

Freiheit ich offenbar -
die Karl und mancher Fürst fürwahr
dieser Stätte gegeben hat,
dessen danket Gott,
das ist mein Rat

Freedom I reveal-
Which Charles and many a prince indeed
Gave to this place,
Thanks be to God,
That is my advice

Dieses „Statement" schrieben die Bremer auf das Schild, das der Ritter Roland neben dem Schwert vor seiner Brust hält. Die fast zehn Meter hohe, steinerne Statue steht seit über sechshundert Jahren vor dem Bremer Rathaus. Gebaut im Jahre 1404 blickt die Roland Statue auf den Dom und bringt dadurch zum Ausdruck:

The people of Bremen wrote this "statement" on the shield that the knight Roland holds next to his chest. The stone statue, which is about 10 meters (ca 33 feet) high, has been standing in front of Bremen's town hall for over 600 years. Built in 1404 the Roland statue faces the cathedral, expressing:

„Wir Bremer sind frei und unabhängig von jeder kirchlichen oder fürstlichen Macht und behaupten und verteidigten unsere Stadt-, Markt- und Freiheitsrechte, die die ersten deutschen Kaiser Bremen verliehen haben."

"We citizens of Bremen are free and independent of any ecclesiastical or princely power. We assert and defend our city rights, market rights and freedom rights, which were granted to Bremen by the first German emperors."

Als Vertreter Kaiser Karls stellten die Bremer die Statue des heldenhaften Ritters und Markgrafen Rutland auf. Zuerst, im Jahre 1366, war es ein hölzerner Roland, doch wurde dieser von den Soldaten des Bischofs angezündet und vernichtet. In den folgenden Auseinandersetzungen wurde der Bischof aus der Stadt vertrieben.

Representing Emperor Charles the Great, the people of Bremen erected the statue of the heroic knight and margrave Rutland to demonstrate their freedom. First, in the year 1366, there was a wooden Roland, but it was set on fire and destroyed by the bishop's soldiers. In the following disputes the bishop was expelled from the city.

Weitere Bischöfe haben in Bremen keine weltliche Macht mehr ausüben können, ganz im Gegensatz zu vielen anderen deutschen Städten wie Osnabrück oder Köln, die jahrhundertelang von Fürstbischöfen regiert wurden. Die Auswanderer, die immer einige Tage in Bremen verbringen mussten, standen staunend vor dieser riesigen Statue. Das war es, was sie sich erhofften: Freiheit und Unabhängigkeit von Erzbischöfen, Fürsten, Prinzen, Grundherren, von allen kirchlich - weltlichen Oberhäuptern. Sie brachen auf in ein Land, das dieses Versprechen gab.

Das erste, was die Auswanderer Ende des 19. Jahrhunderts von dieser neuen Welt erblickten, war eine andere Freiheitsstatue, die im Hafen von New York die Ankommenden auch heute noch begrüßt. Ihre Figur ist mit 93 Meter neunmal größer als der Roland in Bremen. Vielleicht kannten einige das Zitat der ersten Zeilen des Gedichts, das eine Tafel am Sockel dieser Figur wiedergibt:

Further bishops could no longer exercise secular power in Bremen, in contrast to most other German cities such as Osnabrück or Cologne, which were ruled by prince-bishops for centuries. The emigrants, who always had to spend a few days in Bremen, often stood in amazement before this huge statue. This was what they hoped for: Freedom and independence from archbishops, princes, landlords, and generally all ecclesial-secular sovereigns. They set out for a land that offered this promise.

The first thing the emigrants saw of this new world at the end of the 19th century was another statue of freedom: the Statue of Liberty still greets arrivals in the harbor of New York City today. This statue is nine times taller than the Roland in Bremen – 93 meters or 305 feet. Perhaps some knew the quotation of the first lines of the poem that is written on a plaque at the base of the figure:

Gebt mir eure Müden, eure Armen,
eure geknechteten Massen,
die frei zu atmen begehren.

*Give me your tired,
your poor, your huddled masses,
yearning to breathe free.*

18 Immigrants arriving in New York, 1887, Frank Leslie's Illustrated Paper

Passage mit dem Segelschiff   *Passage by sailing ship*

19 Carl Justus Fedeler, Segelschiff Brigg Johann, 1858, Focke Museum Bremen

Anfang des 19.Jahrhunderts segelten ausschließlich Handelsschiffe über die Ozeane. Für die wenigen mitreisenden Passagiere wie Kaufleute, Forschungsreisende, Verwaltungsbeamte oder gelegentlich auch abenteuerlustige Gesellen gab es einige Kabinen beim Kapitän oder in den Kajüten der Schiffsbesatzung. Als aber mehr und mehr auswanderungswillige Menschen eine Schiffspassage suchten, wurde der Raum knapp und man beschloss, unter Deck in den Frachträumen Zwischendecks einzuziehen.

Die zunehmende Nachfrage kam den Schiffseignern ganz recht. Hatten sie doch die Packräume auf der Hinfahrt weitgehend leer, wenn sie den Atlantik überquerten, um in Nordamerika Baumwolle, Reis, Tabak und andere wertvolle Güter einzuladen. Auf diese Weise konnten sie auch auf der Hinreise Gewinne einstreichen.
Die Zwischendecks waren niedrige Holzverschläge und wurden nur für das Nötigste eingerichtet. Um möglichst viele Menschen unterzubringen, wurden Etagenbetten eingebaut, die sich mehrere Menschen teilen mussten.

At the beginning of the 19th century only merchant ships sailed the oceans. The few passengers traveling with them, such as merchants, explorers, administrative officials or occasionally adventurous journeymen, were accommodated in cabins near the captain and in the cabins for the ship's crew. However, as more and more people were willing to emigrate and sought passage by ship, space became scarce, and it was decided to put in tween decks below deck in the cargo holds.

The increasing demand suited the ship owners just fine. After all, they had the cargo spaces largely empty on the outward voyage when they crossed the Atlantic to load cotton, rice, tobacco and other valuable goods in North America. This way, they could still make some extra profits on the outward voyage.
The steerage deck were low wooden sheds and were only equipped with the bare necessities. To accommodate as many people as possible, bunk beds were installed. They had to be shared by several people.

Im Innern der Schiffe

Die Briggs, die zweimastigen Segelschiffe aus Holz, mussten zunächst auf genügend Wind warten, um aus dem Hafen in die Nordsee hinaus zu segeln. Das konnte mehrere Tage, manchmal Wochen dauern. Unterwegs gab es Flauten, aber auch gefährliche Winde und Stürme Im Innern der Schiffe war es dunkel und roch nach den vorher geladenen Gütern. Es war eng und niedrig und die Betten standen übereinander. Für die Notdurft und Waschgelegenheit standen nur zwei für Männer und Frauen getrennte Abtritte und Wasserfässer mit Salzwasser bereit.

In den Jahren vor 1840 war auch die Verpflegung schlecht. Wenn die Reise zu lange dauerte, wurden die Vorräte knapp. Schon kurz nach Auslaufen des Schiffes wurden die meisten Passagiere von der Seekrankheit erfasst. Die Menschen litten unter Gestank, Lärm und den unhygienischen Verhältnissen. Nach oben aufs Deck durften sie nur zu bestimmten Zeiten. Im schlimmsten Fall brachen Seuchen aus, es starben Kinder oder schwache alte Leute, die ohne große Zeremonie dem Meer übergeben wurden.

So empfanden die Menschen es als großes Glück, wenn sie endlich nach sechs bis zwölf Wochen auf dem gefährlichen und unberechenbaren Atlantik den Hafen des ersehnten Landes erreichten.

Inside the ships

The wooden sailing ships, the so-called briggs, first had to wait for enough wind to sail out of the harbor into the Atlantic. This could take weeks. On the passage there were lulls, but also dangerous winds and storms. Inside the ships it was dark and smelled of previously loaded goods. It was narrow and low and the beds were one on top of the other. There were only two separate privies for men and women for nature's call and water barrels with salt water for washing.

In the years before 1840, food rations were poor. If the voyage lasted too long, supplies became scarce. Shortly after the ship set sail, most passengers were seized by seasickness. People suffered from stench, noise and the unsanitary conditions. They were only allowed up on deck at certain times. In the worst case, diseases broke out, children and weak people died and were abandoned to the sea without much ceremony.

Thus, people felt very lucky when they finally reached the port of the longed-for country after six to twelve weeks on the dangerous and unpredictable Atlantic.

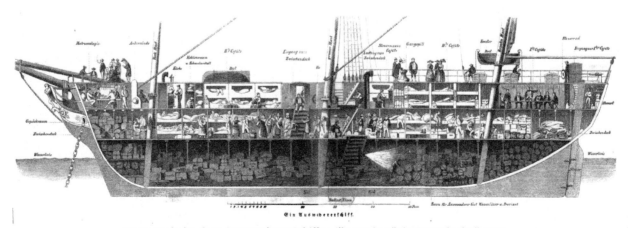

20 Querschnitt eines Auswanderer Schiffes, Illustration "Die Gartenlaube", 1868

Passage mit dem Dampfsegler   *Passage by Steam Sailer*

21 Fritz Müller, Bremen I, 1861, Focke Museum Bremen

Am 29.Mai 1850 überquerte als erstes deutsches, dampfbetriebenes Schiff die „Helena Sloman" den Atlantik von Hamburg nach New York und erreichte nach 18 Tagen ihr Ziel. Mit einer archimedischen Schraube und zwei 180 PS starken Dampfmaschinen schaffte das Schiff die Rückreise noch schneller in nur 12 Tagen. Die Überfahrt war nun nicht mehr von Wind und Wetter abhängig und das verbesserte die Reisebedingungen ganz erheblich.

Auch die Bremer setzten auf die neue Technik und eröffneten am 19. Juni 1858 mit dem Dampfsegelschiff „Bremen I" eine regelmäßige, zuverlässige Schifffahrts-Verbindung von Bremen nach New York:

„Gegen 18 Uhr verließ die Bremen unter dem Kommando von Kapitän Heinrich Wessels Bremerhaven. An Bord waren 150 Tonnen Frachtgüter samt Briefpost, 22 Kabinen- und 93 Zwischendeckspassagiere. Am 3. Juli 1858, morgens um 7 Uhr, traf die Bremen dann nach einer 14 Tage und 13 Stunden dauernden Überfahrt im Hafen von New York ein.

On May 29, 1850, the "Helena Sloman" became the first German steam-powered ship to cross the Atlantic from Hamburg to New York. The steamer reached its destination after 18 days. With an Archimedean screw and two 180-horsepower steam engines, the ship made her return trip even faster, in just 12 days. The crossing was now no longer dependent on wind and weather, and this improved travel conditions quite considerably.

Bremen also invested in this new technology and on June 19, 1858, opened a regular, reliable shipping connection from Bremen to New York with the steam sailing ship "Bremen I."

"Around 6 p.m., the Bremen left Bremerhaven under the command of Captain Heinrich Wessels. On board were 150 tons of cargo including letter mail, 22 cabin passengers and 93 steerage passengers. On July 3, 1858, at 7 o'clock in the morning, the Bremen arrived in the port of New York after a crossing that took 14 days and 13 hours.

Dort wurde die offizielle Linieneröffnung mit einem Fest an Bord, an dem rund 450 Personen inklusive amerikanischer Gäste teilnahmen, gefeiert." Ein Segeldampfer hatte stets die volle Takelage, so dass das Schiff auch bei Maschinenausfall, Mangel an Heizstoff und anderen Vorkommnissen manövriert werden konnte. Die Vorteile der Dampfschifffahrt wurden schnell erkannt. Dennoch war die Passage zunächst noch erheblich teurer als mit den herkömmlichen Segelschiffen und für viele Auswanderer unerschwinglich. 1866 überquerten noch zwei Drittel der Menschen den Ozean mit einem Segelschiff. Der letzte Emigrantensegler verließ erst 1879 einen deutschen Hafen.

There, the official line opening was celebrated with a party onboard. This party was attended by some 450 people, including American guests."
A sail steamer always had full masts and rigging so that the ship could be maneuvered even in the event of an engine failure, lack of heating fuel, and other incidents. The advantages of steam navigation were enormous.
Nevertheless, at first the passage was considerably more expensive than on a conventional sailing ship. Thus, many emigrants could not afford travelling on a steamer. In 1866, two-thirds of people still crossed the ocean by sailing ship. The last emigrant sailing ship left a German port in 1879.

Passage mit dem Schnelldampfer

Passage by Fast Steamer

22 Fast steamer „Rhein" leaves Bremerhaven, postcard 1899

Mit der technischen Weiterentwicklung war die Hilfsbesegelung bald nicht mehr nötig. Die Dampfschiffe fuhren sicherer und schneller. Die immer größer werdenden Schiffskörper bestanden nicht mehr aus Holz sondern Eisen und Stahl. Zwei und später noch mehr Schornsteine rauchten um die Wette und zeigten stolz, dass mit mehr und leistungsfähigeren Maschinen die Dampfer immer belastbarer, stärker und schneller wurden.

Due to technical development, the auxiliary sails were soon no longer necessary. The steamships were safer and faster. The increasingly larger hulls were no longer made of wood, but of iron and steel. At first two, and later even more funnels smoked alongside each other, proudly showing that with more and more powerful engines, the steamships were becoming more resilient, stronger and faster.

Die Bremer Reeder, zusammengeschlossen im Norddeutschen Lloyd, bauten jetzt Schnelldampfer unterschiedlicher Größen und Ausstattungen, die vorwiegend für den Passagierverkehr eingesetzt wurden.

Besonders fortschrittlich waren die Schiffe, die auf die Namen der deutschen Flüsse getauft wurden, wie Rhein, Elbe, Mosel, Lahn oder Neckar

Der erste Dampfer dieser „Flüsseklasse" war die „Elbe". Sie lief am 4. April 1881 auf einer Werft in Glasgow vom Stapel und war in Komfort, Größe, Schnelligkeit und Sicherheitstechnik das Beste, was damals gebaut werden konnte. Sie war 127 m lang, 4510 Bruttoregistertonnen groß und mit 16 Knoten Geschwindigkeit eines der schnellsten Schiffe der Zeit. Sie hatte zwei Schornsteine und eine Schiffsschraube aus Manganbronze.

The Bremen ship owners, united in the shipping company North German Lloyd (Norddeutscher Lloyd), now built fast steamers of various sizes and amenities. These were mainly used for passenger traffic.

Particularly advanced were the ships named after German rivers, such as the Rhein, Elbe, Mosel, Lahn or Neckar.

The first steamship of this "river line" was the "Elbe". She was launched on April 4, 1881 at a shipyard in Glasgow and featured the best of what could be built at the time in terms of comfort, size, speed and safety technology. She was 127 meters (about 417 feet) long and 4510 gross tons in size. At 16 knots of speed, she was also one of the fastest ships of the time. She had two funnels and a ship's propeller made of manganese bronze.

23 Schnelldampfer Elbe I, Illustration Die Gartenlaube, 1885

Das Schiff wurde bei Auswanderern sehr beliebt. 800 Passagiere passten ins Zwischendeck, 310 Menschen bezogen die eleganten Kabinen der ersten und zweiten Klasse. Das Zwischendeck bestand zwar noch aus großen Gemeinschaftsräumen, doch konnte jetzt jeder Auswanderer in einem Einzelbett schlafen.

Die vorwiegend vom Land stammenden Menschen staunten über elektrisches Licht und fließendes Wasser in den sanitären Einrichtungen. Zu den Mahlzeiten gingen sie in eigene Speisesäle, wo großzügig abwechslungsreiches Essen ausgegeben wurde. Für viele der Emigranten, die solches noch nie gesehen hatten, begann hier die Neue Welt.

The ship became very popular with emigrants. 800 passengers could fit in steerage, 310 people occupied the elegant first- and second-class cabins. The steerage still consisted of large common rooms, but now each emigrant could sleep in a single bed.

The emigrants, who were mainly from the countryside, were amazed to find electric light and running water in the sanitary facilities. For meals, they went to separate dining rooms, where generously varied food was served. Many of the emigrants had never seen such things and for them, the New World began here.

Passage mit dem Ocean Liner

Passage by Ocean Liner

Die Dampfschiffe wurden immer größer, schneller und komfortabler. 1897 stellte die Schifffahrtsgesellschaft des Norddeutschen Lloyd den Oceanliner „Kaiser Wilhelm der Große" in Dienst. Der Zweischraubendampfer mit vier Schornsteinen und vier Turbinen war zu dieser Zeit das größte Schiff der Welt. Der schwimmende Riese aus Eisen und Stahl schaffte die schnellste Atlantiküberquerung von Bremen nach New York in 5 Tagen und 22 Stunden und holte sich so von 1897 bis 1900 das Blaue Band, der Trophäe, um die die großen Reedereien kämpften.

Die „SS Kaiser Wilhelm der Große" war der erste Passagierdampfer mit einer Anlage zur Funktelegrafie. An Bord war ein approbierter Arzt, der alle Passagiere kostenfrei versorgte. 224 Kabinen wurden von 614 Passagiere der Ersten Klasse belegt, für die Zweite Klasse gab es 106 Kabinen mit 330 Betten. Darüber hinaus konnte das Schiff bis zu 500 Zwischendeckpassagiere mitnehmen. Dem standen 500 Besatzungsmitglieder gegenüber, von den Heizern, die die schwersten Arbeiten unter Deck im Maschinenraum verrichteten bis zum Personal für die Bedienung und Beköstigung der Passagiere.

The steamships were getting bigger, faster and more comfortable. In 1897, the shipping company North German Lloyd put the ocean liner "Kaiser Wilhelm der Große" into service. The twin-screw steamer with four funnels and four turbines was the largest ship in the world at the time. The floating giant of iron and steel set a record by completing the fastest Atlantic crossing from Bremen to New York, which only took 5 days and 22 hours. Thus, from 1897 to 1900, she won the Blue Ribbon - the trophy for which all the major shipping companies competed against each other.

The "Kaiser Wilhelm der Große" was the first passenger steamer with a radiotelegraphy system. On board was a licensed physician who provided free medical care to all passengers. 224 cabins were occupied by 614 first class passengers, and for the second class there were 106 cabins with 330 beds. In addition, the ship could carry up to 500 steerage passengers. There were also 500 crew members on board – from the stokers, who did the heaviest work below deck in the engine room, to the staff, who took care of the passengers.

24 "Kronprinz Wilhelm" passes the light house Roter Sand in Bremerhaven, Postcard 1900

	Segelschiff	Dampfsegler	Schnelldampfer	Ozeanriese
	„Johann Friedrich" (1830 – 1851)	„Bremen I" (1857 – 1873)	„Elbe" (1881 – 1895)	„Kaiser Wilhelm der Große" (1889 – 1914)
Technik	Länge: 29 m 8 Knoten Segel Takelage Holz und Kupfer	Länge: 100 m 11 Knoten 1 Dampfmaschine Takelage 1 Schornstein Holz Kupfer-Eisen	Länge: 127 m 16 Knoten 2 Dampfmaschinen, 1 Schraube, 2 Schornsteine Eisen	Länge: 198 m 22 Knoten 4 Turbinen 2 Schrauben, 4 Schornsteine Eisen und Stahl
Dauer der Überfahrt	40 – 100 Tage (6 – 14 Wochen)	14 – 18 Tage (2 – 2 ½ Wochen)	9 – 10 Tage (1-2 Wochen)	5 – 7 Tage (1 Woche)
Zahl der möglichen Passagiere	Zwischendeck 150 Kajüte 4 – 6	Zwischendeck 400 2. Klasse 110 1. Klasse 60 Besatzung 102	Zwischendeck 800 2. Klasse 140 1. Klasse 180 Besatzung 168	3. Klasse 1074 2. Klasse 346 1. Klasse 340 Besatzun 488
Ungefähre Preise der Überfahrt	Zwischendeck 35 Tal Kajüte 60 Tal (Taler)	Zwischendeck 55 Tal Kabine 160 Tal	Zwischendeck 60 Tal 2. Klasse 110 Tal 1. Klasse 150 Tal	3. Klasse 120 R. Mark 2. Klasse 300 R.Mark 1. Klasse 500 R Mark
Sicherheit Medizin.V.	Keine	Medizinkiste, 2 Rettungsboote	Kostenlos Arzt Rettungsboote	Kostenlos Arzt Rettungsboote
Fahrplan	unregelmäßig	regelmäßig alle 2 Wo	fester Fahrplan	Fester Fahrplan
Unterkunft auf den Schiffen	Ein Zwischendeck 1,70 m niedrig, ein Raum mit Mehr- fachbetten, keine Abtrennungen, kein Licht, unbelüftet	Zwei Zwischendecks, 1,80 m niedrig, zwei Räume mit Ab- trennungen, Kojen, Petroleumlicht, Ventilatoren	Mehrere Zwischen- decks, 2 m hoch, getrennte Aufteilung, Etagen- Einzelbetten Öllampen 1883 elektrisches Licht	Im Unterdeck der 3. Klasse Schlafsäle mit Hochbetten, auch 4-Bett Kabinen, elektrisches Licht
Sanitäre Einrichtungen	Fässer zum Waschen mit Seewasser, Eimer und Abtritte für Frauen und Män- ner getrennt,	Waschfässer mit Süß- wasser, Toilettenhaus an Deck, getrennte Aborte und Waschan- lagen	Getrennte Toiletten- und Waschanlagen fließendes Wasser	Getrennte Toiletten- und Waschanlagen mit fließendem Wasser für ca 20 Personen
Essen und Trinken	Trinkwasser in Fässern, oft faul, Schiffskoch für Minimalversorgung, knapp bemessen.	Ausreichend Trink- wasser, das aufgrund kürzerer Reise frisch blieb, bescheidenes Essen.	Ausreichend Essen und Trinken wurde in Gemeinschaftsräumen ausgegeben.	Ausreichend bis sehr gutes Essen und Trinken wurde in Spei- sesälen ausgegeben.
Fazit	Sehr gefährlich, strapaziös, Todesrate auf Seglern ca 17 %	Ungewisse, beschei- dene Überfahrt. Todesrate ca 1-2 %	Sichere und angenehme Überfahrt. Todesfälle als Ausnahme.	Sichere und komforta- ble Überfahrt auch in der 3. Klasse.

Passagierschiffe im 19. Jahrhundert , Tabelle

	Sailing ship	Steam sailer	Fast steamer	Ocean liners
	"Johan Friedrich" (1830-1851)	"Bremen I" (1857-1873)	"Elbe" (1881-1895)	"Kaiser Wilhelm der Große" (1889-1914)
Technology	Length:95 feet 8 Knots Sails Rigging Wood, copper	Length: 328 feet 11 Knots 1 Steam engine Rigging,1 Funnel Wood, copper, iron	Length: 417 feet 16 Knots 2 Steam engines 1 Screw 2 Funnels Iron	Length: 650 feet 22 Knots 4 Turbines,2 Screws 4 Funnels Iron and steel
Duration of passage	40-100 days (6-14 weeks)	14-18 days (2-2 ½ weeks)	9-10 days (1 1/2 weeks)	5-7 days (1 week)
Number of passengers	Steerage: 150 cabins: 4-6	Steerage: 400 2nd class: 110 1st class: 60 Crew: 102	Steerage: 800 2nd class: 140 1st class: 180 Crew: 168	3rd class: 1074 2nd class: 346 1st class: 340 Crew: 488
Approx. price	Steerage: 35 Taler Cabin: 60 Taler	Steerage: 55 Taler 2nd class: 100 Taler 1st class: 120 Taler	Steerage: 60 Taler 2nd class: 110 Taler 1st class: 150 Taler	3rd class: 120 Mark 2nd class: 300 Mark 1st class: 500 Mark
Safety Med. Care	None	Medicine box, 2 lifeboats	Free of charge doctor, lifeboats	Free of charge doctor lifeboats
Schedule	Irregular	Regular, every 2 weeks	Fixed timetable	Fixed timetable
Accommodation on ships 3rd class	Steerage in the cargo hold(5 ft, 7 low, one room multiple beds, no partitions, no light, no ventilation	Two steerages, 5 ft,1 high, two rooms with partitions, kerosene light, fans	Several steerages, 6 ft, 7 high, separate partitions bunk and single beds, oil lamps, 1883 electric light.	In the lower deck of the 3rd class dormitories with bunk beds or 4-bed cabins, electric light
Sanitary facilities	Barrels for washing with sea water, buckets and privies for women and men separately	Barrels with fresh water, toilet house on deck, separate lavatories and washing facilities	Separate toilet and washing facilities, running water	Separate toilet and washing facilities with running water for about 20 people.
Food and drink	Drinking water in barrels, often foul, ship's chef for minimum supply, tightly rationed	Sufficient drinking water, which remained fresh due to shorter passages, modest food offer	Sufficient food and drink , served in common areas.	Sufficient to very good food and drink , served in dining halls
Conclusion	Very dangerous, exhausting, death rate on sailing ships at about 17 %	Uncertain, modest passage. Death rate approximately 2 %.	Safe and pleasant passage. Deaths were an exception.	Safe ,pleasant and comfortable passage, even in 3rd class.

Passenger ships in the 19th Century –Table

OLD EMIGRATION

Die Auswanderer. Nach einem Gemälde von Th. Schuler.

25 Die Auswanderer nach einem Gemälde von Th. Schuler ca 1848

OLD EMIGRATION

Auswanderungsverbot im 18.Jahrhundert
Ban on emigration in the 18th century

Der schwäbische Schulmeister Gottlieb Mittelberger verließ im Jahr 1750 seine Heimat, weil ihm zuhause ein Prozess wegen der Affäre mit einer Pfarrerstochter drohte.[9] Er lebte vier Jahre lang in der damaligen englischen Kolonie in einer deutschen Gemeinde und konnte dann zurückkehren.

Daheim schrieb er ein Buch über seine Erlebnisse mit dem Titel: „Reise nach Pennsylvanien im Jahr 1750 und Rückreise nach Deutschland im Jahr 1754 enthaltend nicht nur eine Beschreibung des Landes nach seinem gegenwärtigen Zustande, sondern auch eine ausführliche Nachricht von den unglückseligen und betrübten Umständen der meisten Deutschen, die in dieses Land gezogen sind, und dahin ziehn."[10]

Dieser Buchtitel kam den Obrigkeiten sehr gelegen, warnte er doch vor den herumziehenden Anwerbern, die sie auch „Verführer" nannten, vor der gefährlichen Überfahrt und vor schlechten Verhältnissen in Amerika. Denn den feudalen Herrschern ging es nicht um das Wohlergehen ihrer Einwohner. Sie wollten eine massenhafte Auswanderung verhindern, denn sie fürchteten den Verlust von Steuern und Abgaben, militärischer Stärke und der Arbeitskraft ihrer Untertanen. Im Jahre 1768 erließ Kaiser Joseph II ein offizielles Auswanderungsverbot und richtete sich besonders an die Hafenstädte, wo „der gemeinschädliche Unfug sothaner Werbung am häufigsten getrieben" werde. Es wurden harte Strafen angedroht. Nur noch einige wenige Gruppen von Glaubensflüchtlingen erhielten in den folgenden Jahren die Erlaubnis, das Land in Richtung Westen zu verlassen.

The Swabian schoolmaster Gottlieb Mittelberger left his homeland in 1750 because he was threatened with a trial for having an affair with a pastor's daughter. He lived in Pennsylvania in a German community in what was then an English colony. After 4 years he was able to return.

Back at home he wrote a book about his experiences entitled: "Journey to Pennsylvania in 1750 and the journey back to Germany in 1754 containing not only a description of the country according to its present condition, but also a detailed account of the unfortunate and distressing circumstances of most of the Germans who have moved to this country and are still moving there."2

26 Gottlieb Mittelbergerr, Reise nach Pennsylvanien

---

[9] Gräbe, Thorsten, Buchrezension Frankfurter Allgemeine Zeitung vom 16.05.2017
[10] Gottlieb Mittelberger's Journey to Pennsylvania in the Year 1750, Edition Leopold Classic Library, 2016

27 Farewelling the St Vincent, London Illustrated News, 1844

This book title suited the German authorities very well, as it warned against the wandering recruiters and agents, whom they also called "seducers", as well as against the dangerous passages and bad conditions in America. But the feudal rulers were not concerned about the welfare of their inhabitants. Instead, they wanted to prevent mass emigration because they feared the loss of taxes and duties, military strength and the labor of their subjects.

In 1768, the German Emperor Joseph II issued an official ban on emigration, directed especially at the port cities, where "the public-spirited mischief of conducted advertising was most frequently practiced." People who wanted to emigrate were threatened with severe punishment. In the following years, only a few groups of religious refugees received permission to leave the country and head to the West.

Einwandererschutz in Amerika

„Während der Seefahrt aber entstehet in den Schiffen ein jammervolles Elend, Gestank, Dampf, Grauen, Erbrechen, mancherlei See-Krankheiten, Fieber, Ruhr, Kopfweh, Hitze, Verstopfungen des Leibes, Geschwulste, Scharbock, Krebs, Mundfäule, und dergleichen, welches alles von alten und sehr scharf gesalzenen Speisen und Fleisch, auch von dem sehr schlimmen und wüsten Wasser herrühret, wodurch sehr viele elendiglich verderben und sterben. …

Dieser Jammer steigt alsdann aufs höchste, wann man noch zwei bis drei Tage und Nächte Sturm ausstehen muss …, dass man glaubt samt Schiff zu versinken … und die so eng zusammen gepackten Leute in den Bettstätten dadurch übereinander geworfen werden, Kranke wie die Gesunden…Mancher seufzet und schreiet: Ach! wäre ich wieder zu Hause und läge in meinem Schweinestall."[11]

So beschreibt der schwäbische Schullehrer Gottlieb Mittelberger die Überfahrt auf dem holländischen Segler Osgood von Rotterdam nach Philadephia im Jahre 1750.

Immigrant protection in America

"During the voyage, however, a lamentable misery arises in the ships: stench, steam, horror, vomiting, seasickness, fever, dysentery, headaches, heat, constipation of the body, ulcers, scurvy, cancer, mouth rot, and the like, all of which come from old and very heavily salted food and meat, but also from the very bad water, whereby very many perish and die miserably. ...

This misery increases to the highest level when one has to endure two or three days and nights of storm ... so one believes to sink together with the ship ... and the people packed so closely together in the beds are thrown on top of each other, sick as well as healthy... Some sigh and cry: Oh! If I were at home again and lay in my pigsty".

This is how the Swabian school teacher Gottlieb Mittelberger described the crossing on the Dutch sailing ship Osgood from Rotterdam to Philadelphia in 1750.

---

[11]Solbach, Gerhard E.: Reise des schwäbischen Schulmeisters Gottlieb Mittelberger nach Amerika, Wyk auf Föhr 1992, S.36

Die Atlantiküberquerung zog sich ein halbes Jahr hin und die Bedingungen auf dem Schiff waren so katastrophal, dass allein 32 Kinder an Hunger und Krankheiten starben und ihre Leichen ins Meer versenkt werden mussten.

Hatten die Auswanderer mehr tot als lebendig den amerikanischen Boden erreicht, wurden diejenigen, die die Passage beim Kapitän nicht bezahlen konnten, wie „weiße Sklaven" unter den unwürdigsten Bedingungen an amerikanisch-englische Arbeitgeber vermittelt, die die Überfahrtskosten übernahmen. Dafür begaben sich die Einwanderer für viele Jahre in extreme Abhängigkeit, meistens wurden die Familien dabei getrennt.

The Atlantic crossing took half a year and the conditions on the ship were so catastrophic that 32 children died of hunger and disease and their bodies had to be dumped into the sea.

Once the emigrants had reached American soil, more dead than alive, those who could not pay for the passage were sold off to Anglo American employers like "white slaves" under the most undignified conditions. These employers then paid the passage costs. In return, the immigrants were extremely dependent for many years to come and in most cases their families were separated.

Gründung der „Deutschen Gesellschaft" in Philadephia
Foundation of the "German Society" in Philadelphia

Zum Glück gab es in den englischen Kolonien von Amerika schon deutsche Bürger, die hier seit einer oder zwei Generationen ansässig waren und inzwischen ein gutsituiertes Leben führten. Sie erinnerten sich an ihre Überfahrten, die ähnlich dramatisch verlaufen waren, und sorgten sich jetzt um die erschöpften Neuankömmlinge. Um diesen armen Menschen Beistand und Schutz zu geben, gründeten sie1764 eine „Deutsche Gesellschaft".

Neben der Linderung der Not der Einwanderer bei ihrer Ankunft, gelang es ihnen, ein „Gesetz zum Schutz der Auswanderer" ins Parlament der Hafenstadt Philadelphia einzubringen, das auch bald verabschiedet wurde. Darin wurden den ankommenden Schiffsreedern Regelungen vorgegeben, die unter anderem die Mindestgröße der Schlafplätze, eine ausreichende Lebensmittelversorgung an Bord und die regelmäßige Ausräucherung der Zwischendecks vorschrieben sowie eine Bestätigung des Kapitäns über die Bezahlung der Passagen verlangten, so dass die Auswanderer nicht zweimal zur Kasse gebeten werden konnten.

Von diesen Vorschriften wurden die meisten allerdings nur halbherzig befolgt. Einzig das Gesetz, ankommende Schiffspassagiere zunächst in Quarantäne zu bringen, um das Einschleppen von Krankheiten zu verhindern, aber auch, um die Ankommenden vor dem schnellen Zugriff von betrügerischen Arbeitsvermittlern zu bewahren, wurde umgesetzt. Nach dem Unabhängigkeitskrieg und der Gründung der Vereinigten Staaten von Amerika 1776 wurden in weiteren Hafenstädten wie Baltimore und New York „Deutsche Gesellschaften" eröffnet.

Fortunately, there were German citizens in the British colonies of America. These people had been residents here for one or two generations and led a decent life by now. They remembered their crossings, which had been similarly dramatic, and now were concerned about the exhausted new arrivals. They founded a "German Society" in1764 to give these poor people support and protection.

In addition to alleviating the plight of the immigrants upon their arrival, they succeeded in introducing a "Law for the Protection of Emigrants" to be passed in the parliament of the port city of Philadelphia.

This law gave arriving ship owners regulations that required them to comply to minimum size of the sleeping spaces, an adequate food supply on board, and regular fumigation of the tween decks. The ship's captains had to confirm that the passages had been paid for, so that emigrants could not be asked to pay twice.

Of these regulations, however, most were only half-heartedly followed. Only the law to first quarantine arriving ship passengers to prevent the introduction of diseases, but also to protect arrivals from the quick grab of fraudulent labor brokers, was implemented. After the War of Independence and the founding of the United States of America in 1776, more "German Societies" were opened in other port cities such as Baltimore and New York.

Diese „Deutschen Gesellschaften" hatten maßgeblichen Einfluss auf weitere Gesetze zur Einwanderung in die USA. Nachdem bei der ersten Auswanderungswelle im Jahr 1817 von fünftausend Auswanderern, die sich in Antwerpen eingeschifft hatten, unterwegs aufgrund der schlimmsten Zustände annähernd tausend umgekommen waren, erließ die Regierung der Vereinigten Staaten von Amerika am 2.März 1819 ein Gesetz zur Regulierung des Passagierverkehrs. Die Vorstellungen deutsch-amerikanischer Gesellschaften hatten mitgeholfen, es zustande zu bringen.

„Drei wichtige Bestimmungen enthielt das Gesetz: Es begrenzte die Zahl der Passagiere aller einen amerikanischen Hafen anlaufenden oder aus einem solchen auslaufenden Schiffe auf zwei Personen pro fünf Tonnen und setzte für die Zuwiderhandlungen Strafen fest.(1,2) Es bestimmte, dass auf Schiffen, die von Amerika nach Europa fuhren, Mindestmengen an Proviant vorhanden sein mussten, die die Passagiere vorm Verhungern oder Verdursten bewahrten. (3)Es verpflichtete die Kapitäne aller ankommenden Schiffe, Listen mit Angaben über Alter, Geschlecht, Beruf, Herkunfts-und Zielland der Passagiere vorzulegen und anzugeben, wie viele unterwegs gestorben waren.(4)...Die Passagierlisten legten den Grund für die 1820 beginnende Einwanderungsstatistik der Vereinigten Staaten, die den Vorgang der europäisch-amerikanischen Wanderungsbewegung überhaupt erst zahlenmäßig zuverlässig erfassbar machte."[12]

Die Kapitäne wurden für an Bord ausgebrochene Seuchen verantwortlich gemacht und mussten Kranke auf eigene Kosten wieder mit zurücknehmen. Das „Steerage Act" blieb bis 1855 in Kraft, dann wurde es durch das „Carriage of Passangers Act" verschärft. Die Vorschriften wurden in den kommenden Jahren oft unterlaufen, aber sie brachten doch eine neue Sichtweise auf die Beförderung von Auswanderern, die von da an nicht mehr nur dem Profit der Schiffseigner unterlagen.

The"German Societies" had a significant influence on further laws regarding immigration to the United States. On March 2, 1819, the government of the United States of America passed a law to regulate passenger traffic. The cause for these restictions was that dur ing the first wave of emigration in 1817, out of 5,000 emigrants who had embarked in Antwerp, nearly 1,000 had perished due to terrible passage conditions. The ideas of the German Society had helped to get the law passed.

"Three important provisions were contained in the Act: it limited the number of passengers on all vessels entering or leaving an American port to two persons for every five tons, and set penalties for violations. (1,2) It stipulated that ships sailing from America to Europe had to carry minimum quantities of food supplies to avoid passengers from starving or dying of thirst. (3) It required the captains of all arriving ships to submit lists displaying the age, sex, occupation, country of origin and destination of the passengers, and to state how many had died en route. (4)...The passenger lists laid the groundwork for the United States immigration statistics that began in 1820 and made the process of European-American migration numerically reliable.

Captains were held responsible for diseases that broke out on board and had to take sick people back with them at their own expense. The "Steerage Act" remained in force until 1855, when it was further strengthened by the "Carriage of Passangers Act".

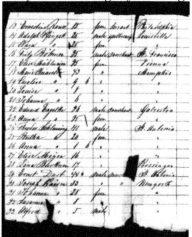

28 Passenger List, Baltimore

[12] Moltmann, Günter (Hrsg), Aufbruch nach Amerika- Friedrich List und die Auswanderung aus Baden und Würtemberg 1816/1817 ,Tübingen 1979, S. 329 ff

Auswandererschutz in deutschen Regionen
Emigrant protection in German areas

Zu Anfang der 1830er Jahre begannen die Auswandererzahlen zu steigen. Die staatlichen Behörden wurden aufmerksam, denn immer noch bestand in den meisten deutschen Kleinstaaten ein Auswanderungsverbot. In Baden war dieses Gesetz schon 1804 aufgehoben worden, aber in Bayern geschah dies offiziell erst viel später im Jahre 1868. So berichtete 1834 das norddeutsche Amt Vörden nach Osnabrück:

„ ...die **Auswanderungssucht** hat besonders im Laufe dieses Frühjahrs auf eine...beunruhigende Weise dergestalt zugenommen, dass von solchen Art Leuten jetzt fast über nichts weiter als nach Nordamerika, hauptsächlich nach Baltimore auszuwandern, gesprochen wird und die Heimath darüber ganz vergessen zu seyn scheint. Fast von allen Ausgewanderten laufen fortwährend die günstigsten Nachrichten und dringende Anforderungen an ihre dahier zurückgebliebenen Angehörigen ein, ihnen doch so bald als möglich in ihr **eingebildetes Paradies** zu folgen.“[13]

Die deutschen Kleinstaaten waren sich unsicher, wie sie reagieren sollten, entschlossen sich dann, durch gesetzliche Regelungen diese nicht mehr aufzuhaltende Bewegung wenigstens zu regulieren und zu kontrollieren.

Gemeinsam war allen Ländern, die Auswanderungen nicht zu verbieten, aber auch nicht zu ermutigen, sondern durch Anordnungen zu erschweren. Verhindert werden sollte vor allem, dass Angehörige unversorgt zurückgelassen wurden oder Auswanderer mittellos zurückkehrten und den Armenkassen zur Last fielen. Vor allem galt es, junge Männer aufzuhalten, die sich der Militärpflicht entziehen wollten.

Die 34 Kleinstaaten und vier Städte erließen jeweils landesbezogene, ähnliche Regelungen, konnten sich aber nicht auf ein einheitliches Gesetzt einigen. Einige Bestimmungen galten jedoch länderweit, wie beispielsweise die Pflicht zur Konzessionierung der Schiffsmakler. Die Staaten des deutschen Bundes schufen dadurch einen besseren Schutz der Auswanderer vor betrügerischen Werbern und Agenten, allerdings nicht aus humanitären Gründen, sondern eher um die Staatskasse vor Folgekosten zu schützen.

In the early 1830s, emigration numbers began to rise. The state authorities took notice, because there was still a ban on emigration in most of the various German states. In Baden, this law had been lifted in 1804, but in Bavaria this did not officially happen until much later, in the year 1868. In 1834, the North German Amt Vörden reported to Osnabrück:

*"...the **emigration addiction** has increased especially in the course of this spring in a...disturbing way to such an extent that such kind of people now talk about almost nothing else than emigrating to North America, mainly to Baltimore, and the homeland seems to be completely forgotten! Almost from all of those who have emigrated, the most favorable news and urgent requests have arrived to their relatives who have stayed behind, to follow them as soon as possible to **their imaginary paradise**."*

The governments of the small German states were initially unsure how to react, but then decided to regulate and control this unstoppable movement by legal laws.

All the various German states agreed not to ban emigration, but not to encourage it either. Instead, they made it more difficult by official orders. The main aim was to prevent relatives from being left behind uncared for or emigrants from returning penniless and becoming a burden on the poor relief funds of the communities. Above all, young men who wanted to avoid military service had to be stopped.

The 34 small states and 4 cities each passed similar regulations, but they could not agree on a common law. However, in all countries the ship brokers had to be licensed from now on. Thus the emigrants were better protected from fraudulent advertisers and agents.

In any case, the German states did not do so out of humanitarian reasons, but rather to protect public treasury from consequential costs, in case the emigrants should return penniless from their failed adventure.

---

[13] Holtmann, Antonius (Hrsg), Ferner thue ich euch zu wissen, Edition Temmen, Bremen 1995, S. 11

Profiteure des Geschäfts mit Auswanderern

Reeder oder Schiffseigner

Den Reedern oder Schiffseignern gehörten eines oder mehrere Schiffe, die Frachtgut, wie Hanf, Leinen oder Eisen über den Atlantik brachten und Reis, Baumwolle und Tabak einführten. Es waren Familienunternehmen, die im19. Jahrhundert begannen, auch Passagiere auf ihren Handels-schiffen mitzunehmen.

Werber

Im 18. bis ins 19. Jahrhundert hinein wurden von den Reedern Werber ins Binnenland geschickt, um Passagen für Auswanderungswillige anzubieten. Sie arbeiteten auf Erfolgsbasis für die Schiffseigner und bekamen für jeden Überfahrtskontrakt eine Provision. Oftmals stellten sie einen Treck zusammen, der zum Hafen führte, allerdings begleiteten nur die wenigsten der Werber diese Gruppen. Sie wurden von niemandem kontrolliert und waren fast ausschließlich an ihrem Profit interessiert.

Expedienten oder Schiffsmakler

Expedienten oder Schiffsmakler waren Kaufleute, die mit den Schiffseignern einen Vertrag zur Beladung eines Schiffes mit Gütern oder mit Passagieren abschlossen. Sie charterten Frachtraum, beluden die Schiffe und wickelten die Handelsgeschäfte oder den Passagierverkehr ab. In Hamburg konnte jeder Kaufmann ein solches Geschäft gründen. In Bremen benötigten die Schiffsmakler die Erlaubnis des Bremer Senats, vor dem sie vereidigt wurden.

Auswanderungsagenten

Die Schiffsmakler setzten im Binnenland ab etwa 1840 Agenten ein, die vor Ort Werbung, Organisation und Durchführung der Auswanderung übernahmen. In den Städten gab es Hauptagenten, die von den Expedienten fest bezahlt wurden und eine Geschäftsadresse vorweisen mussten. Diese beschäftigten Unteragenten, die auf Provisionsbasis arbeiteten.

Schifffahrtsgesellschaften

Mit Aufkommen der Dampfschiffe war es einzelnen Schiffseignern nicht mehr möglich, die Kosten dafür allein aufzubringen. So schlossen sich familiengeführte Reedereien zu aktiengestützten Schifffahrtsgesellschaften zusammen. In Hamburg entstand 1847 die Hamburg-Amerikanische-Packetfahrt-Actien-Gesellschaft, (Hapag) und 1857 in Bremen der Norddeutsche Lloyd (NDL), der ebenfalls Aktien ausgab.

Profiteers of the emigrantion buisiness

Ship owners

Ship owners had one or more ships that carried cargo such as hemp, linen or iron across the Atlantic. On their way back, they imported rice, cotton and tobacco. These family-owned businesses began to carry passengers on their merchant ships in the19th century.

Advertisers

From the 18th to the 19th centuries, ship owners sent advertisers inland to offer passages to those willing to emigrate. They worked on a contingency basis for the ship owners and received a commission for each passage contract. They would often assemble a trek leading to the port, however very few of these advertisers actually accompanied the groups. They were not controlled by anyone and most of them were only interested in their own profit.

Shipping clerks or shipbrokers

Expeditors or shipbrokers were merchants who set up a contract with the ship owners to load a ship with goods or with passengers. They chartered cargo space, loaded the ships and handled the trade or passenger traffic. In Hamburg, any merchant could establish such a business. In Bremen, the Senate had to approve and then swore them in.

Emigration agents

From about 1840 onwards, shipbrokers employed agents in inland areas to advertise, organize and carry out the emigration process locally. In the cities, there were main agents who were paid a fixed fee by the shipping clerks and had to provide a business address. The main agents further employed sub-agents who worked on a commission basis, mostly in the countryside.

Shipping companies

With the advent of steamships, it was no longer possible for individual ship owners to meet the costs alone. Thus, family-owned shipping companies merged to form share-based shipping companies. In 1847 the Hamburg-Amerikanische-Packetfahrt-Actien-Gesellschaft, or HAPAG was founded. In 1857, the shipping company Norddeutscher Lloyd (NDL) was founded in Bremen. This company, too, issued shares.

Verbot von Werbern - Lizenz für Agenten

Um die sich verstärkende Auswanderung zu kontrollieren und sich vor den sozialen Folgekosten für die Regierungskassen zu schützen, setzten die deutschen Kleinstaaten bei den Schiffsmaklern und ihren Agenten an. Diese brauchten von nun an eine staatliche Erlaubnis, wenn sie Schiffspassagen verkaufen wollten. Der Senat im Stadtstaat Bremen ließ 1830 nur drei Expedienten zu: Carl Traub, Johann Lüdering und Johan Dunze , die vereidigt wurden und alle ihre Geschäfte, die sie tätigten, genauestens zur Überprüfung offen zu legen hatten.

Die Schiffsmakler wiederum mussten in den einzelnen deutschen Ländern weitere Konzessionen erwerben, wenn sie dort ihre Leute als Vermittler vor Ort einsetzen wollten. Unabhängigen Werbern wurde die Tätigkeit untersagt. Sie traten Anfang der 1830 Jahren vermehrt auf, oftmals waren sie schon in den Vereinigten Staaten gewesen, berichteten in den höchsten Tönen von den Verhältnissen in Amerika und witterten gute Geschäfte in der Vermittlung von Überfahrtsverträgen. Sie wurden streng bestraft, wenn sie keine Lizenz hatten.

„Am 7. Mai 1832 traf es Wilhelm Höveler aus Ankum, der am 21. April 1832 versucht hatte, durch ein Publikandum in der katholischen Kirche zu Lengerich… Leute zu einer Auswanderergruppe zusammen(zu)vereinigen. Das wurde bei ausdrücklicher Strafe untersagt....Er habe sich aller öffentlichen Aufforderungen und Anwerbungen zu enthalten…in dem bei den großen Schwierigkeiten und Hindernissen, welche alle Auswanderer in fremden Weltenteilen zu bekämpfen haben…das Wohl der Untertanen nur zu leicht durch falsche Vorspiegelung gefährdet werde."[14]

Auswanderungsagenturen

In der Vergangenheit hatten die Reeder oder Schiffsmakler ihre freien Werber ausgeschickt, um Auswanderer gegen eine Provision anzuwerben. Um die weitere Organisation kümmerten sich die Werber nicht. Die Menschen fuhren in die Häfen und kauften dort ihre Schiffspassage bei den Reedern oder direkt bei den Kapitänen der Segler. Sie konnten auch auf dem Postweg mit den Schiffsmaklern korrespondieren und sich die Fahrkarten zuschicken lassen, aber das beanspruchte eine lange Zeit und viele Kosten.

Ban on advertising - License for agents

In order to control the increasing emigration, the various German states now focused on shipbrokers and their agents. From now on, they needed a state permit if they wanted to sell ship passages. The Senate in the city-state of Bremen allowed only three shipbrokers: Carl Traub, Johann Lüdering and Johan Dunze. These men were sworn in and had to disclose in detail all transactions they made for inspection.

The shipbrokers, in turn, had to acquire further licenses in the individual German states for their local agents there. Independent advertisers were prohibited from operating. They still appeared in the pubs and places of the villages. Often, they had been to the United States themselves, spoke highly of the living conditions in America, and sensed good business opportunities by selling passage contracts. But now they were severely punished if they did not have a license.

"On May 7, 1832, measures were taken against Wilhelm Höveler from Ankum. On April 21, 1832, he had tried to bring people together and form an emigrant group by means of public announcement in the Catholic church of Lengerich. This was forbidden with explicit punishment... He had to refrain from all public appeals and recruitments...in view of the great difficulties and obstacles which all emigrants have to overcome in foreign parts of the world...the welfare of the subjects is only too easily endangered by false pretenses."

Emigration agencies

In the past, ship owners or shipbrokers sent out their freelance advertisers to recruit passengers. The recruiters did not take care of any further organization of the emigration process. People went to the ports and bought their ship passages from the ship owners or directly from the captains of the sailing ships. They could also correspond by mail with the shipbrokers and have the tickets sent to them, but this took a long time and cost a lot of money.

---

[14] Holtmann, Antonius, Ferner tue ich euch zu wissen, s.o. S. 19

Als die Auswandererzahlen stark anstiegen und die Schiffsexpedienten staatlich überwacht wurden, begannen sie, Vermittler im Binnenland einzusetzen, die als Agenten vor Ort die Organisation der Auswanderung viel effizienter ausführen konnten. [15]

As emigrant numbers soared and shipbrokers were increasingly monitored by the governments, they began to use inland agents. These local agents in the villages could organize the emigration process much more efficiently

In larger cities, especially along the Rhine, main agencies were established. Their owners were permanent employees to the shipbrokers, had to state a business address, and were required to pay a security deposit. They, too, had to obtain permission as well as a license from their state authorities. The main agencies, in turn, employed subagents in small towns and villages who worked part-time on a commission basis. In some areas, subagents worked directly for a shipbroker.

Subagents too, had to apply for a business license and pay a deposit as a security guarantee. They had to have a good reputation and were mainly chosen by the shipping clerks according of how well-known they were. "Subagents were merchants, mayors, innkeepers, barbers, teachers, priests or parish clerks – in general people who were known in the village and were in regular contact with many of their fellow citizens."

By 1840, a state-supervised emigrant agency system had become established. Instead of errant recruiters, who in many cases took advantage of the people and then left them alone, there was now a network of agents responsible for the welfare of emigrants up until the point they embarked onto a ship.

Auswanderer!

Seid vorsichtig

beim Einkauf von Büchern, die Euch über die Verhältnisse im Ausland aufklären wollen. Es befindet sich viel wertloses Machwerk darunter.

Überlegt es Euch,

ehe Ihr Euch einem Auswandererverein anschließt. Erkundigt Euch, wer seine Leiter sind, und prüfet, was der Verein Euch als Gegenleistung für Eure Beiträge gewährt.

Seid doppelt auf der Hut,

wenn Ihr zum Beitritt zu einem Siedlungsunternehmen aufgefordert werdet.
Denkt daran, daß Ihr Eure Zukunft, Euer Vermögen, auf das Spiel setzt. Laßt Euch durch marktschreierische Anpreisungen nicht betören.

Seid dringend gewarnt

vor gewissenlosen, unlauteren Werbern, die Euch glänzende Anstellungen in der Fremde verheißen. Sie verlangen eine Gebühr von Euch, ehe sie in Eurem Interesse tätig werden wollen. Haben sie das Geld in Händen, dann kümmern sie sich nicht mehr um Euch.

Wendet Euch in allen Fällen

an die berufenen Beratungsstellen, die Euch kostenlos Rat und Auskunft erteilen.

29 Flyer around 1850 Emigrants be careful!

In größeren Städten, vor allem entlang des Rheins, wurden Hauptagenturen eingerichtet, deren Inhaber fest angestellt waren, eine Geschäftsadresse vorweisen konnten und eine Kaution zu hinterlegen hatten. Auch sie mussten von ihren Landesbehörden eine Genehmigung einholen und konzessioniert werden. Die Hauptagenten wiederum beschäftigten in kleinen Orten und Dörfern Unteragenten, die nebenberuflich und auf Provisionsbasis arbeiteten. In einigen Gegenden waren die Unteragenten auch direkt für einen Schiffsmakler tätig.

Auch die Unteragenten mussten eine Geschäftslizenz beantragen und eine Kaution als Bürgschaft hinterlegen. Sie mussten einen guten Ruf haben und wurden von den Schiffsexpedienten vor allem nach ihrem Bekanntheitsgrad ausgesucht. "Unteragenten waren Händler, Bürgermeister, Gastwirte, Barbiere, Lehrer, Pfarrer, Küster - Menschen, die im Ort bekannt waren und Kontakt zu den Mitbürgern hatten." [16]

Bis 1840 hatte sich das staatlich überwachte Auswanderer-Agenturwesen etabliert, statt herumirrender Werber, die die Menschen in vielen Fällen ausnutzen und dann alleine ließen, gab es nun ein Netz von Agenten, die für das Wohlergehen der Auswanderer bis zur Einschiffung verantwortlich waren. [17]

---

[15] Oelwein, Cornelia, Die Organisation der Auswanderung: Auswanderungsagenturen, S. 43

[16] Hoerder ua. Aufbruch in die Fremde, Edition Temmen, Bremen, 1992, S. 93

[17] Hoerder, s.o. S. 93

Auswanderungsagenturen

Die Agenturen standen den Auswanderungs-willigen für Auskünfte zur Verfügung und planten die Reise vom Heimatort bis zum Zielort in Amerika. Sie hatten folgende Aufgaben:

- Vermittlung der Passage vom Wohnort bis zum Schiff: die Anreise auf Fuhrwagen, mit der Kutsche, den Flussbooten oder der Eisenbahn, das Abschließen eines Überfahrtkontraktes
- Nachweis einer Unterkunft in der Hafenstadt
- Gepäckbeförderung
- Geldwechsel
- Beihilfe zur Abwicklung behördlicher Formalitäten (Auswandererkonsens)
- Auskunft über Reiserouten in Deutschland wie auch in Amerika
- Auskunft über sonstige Fragen der Auswanderer beispielsweise zu den Verhältnissen in Amerika
- Schriftverkehr mit dem Schiffsmakler eventuell wegen eines Prepaid Tickets
- Geldgeschäfte und Erbschaftsan- gelegenheiten von schon in Amerika eingewanderten Deutschen
- finanzielle Abwicklung, Einbehalten eines Handgeldes

Ein Auswandereragent bekam eine Anzahlung von seinen Kunden, die Handgeld genannt wurde. Diese Gelder schickte er zum Schiffsexpedienten und durfte davon seine Provision von 4 % einbehalten. Die Auswanderer durften dem Agenten keinerlei Vergütung direkt zukommen lassen.
Über ihre Geschäfte mussten die Agenten genaueste Angaben machen und Listen führen. Diese wurden sowohl von den örtlichen Behörden als auch von den Schiffsmaklern überprüft. Bei Abschluss einer Überfahrt hatte der Agent innerhalb von 24 Stunden der Obrigkeit davon Meldung zu erstatten.

Delkeskamp Agency in Osnabrück

Der Agent Ludwig Delkeskamp aus Osnabrück arbeitete für den Schiffs-Expedienten Schröder &Co in Bremen und setzte mehrfach Inserate in die Zeitung „Osnabrücksche Anzeigen", diese ist von 1857. Er preist die Beförderung in großen, geräumigen, dreimastigen Schiffen zu verschiedenen Hafenstädten der USA an.

Emigration agencies

The agents were available to provide information to those wishing to emigrate and planned the journey from their hometown to the final destination in America. They had the following tasks:

- *Arranging the journey from the place of residence to the ship, which usually included a trip by wagon, carriage, riverboat or railroad to the port, as well as signing a passage contract*

- *Proof of accommodation in the port city*
- *Baggage transport*
- *Exchange of money*
- *Assistance with official formalities (German emigration consensus)*
- *Information about travel routes in Germany as well as in America*
- *Answering other questions of the emigrants, for example about the conditions in America*
- *Correspondence with the ship broker, possibly concerning a prepaid ticket*
- *Money transactions and inheritance matters of Germans who had emigrated to America*
- *Financial settlement and retention of socalled hand money*

An emigrant agent received a down payment from his clients called hand money. He sent this money to the shipping agent and was allowed to retain a commission of 4 %.The emigrants were not allowed to pay the agent directly.
Agents had to provide the most accurate information about their transactions. They also had to keep lists. These were checked by both the local authorities and the shipbrokers. If a passage was sold, the agent had to report this to the authorities within 24 hours.

The agent L. Delkeskamp from Osnabrück worked for the shipping clerk Schröder &Co in Bremen and placed several advertisements in the newspaper "Osnabrücksche Anzeigen". This one is from 1857.He advertises the passage in large, spacious, three -masted ships to various port cities in the USA.

Er verspricht vollständige und gute Beköstigung während der Seereise nach den Bremer Gesetzen. Ferner weist er darauf hin, dass die Tüchtigkeit der Schiffe vor der Reise von beeidigten Sachverständigen untersucht wird. Zum Schluss empfiehlt er sich selber:

„Nähere Auskunft wird erteilt und bündige Schiffs-Contracte werden abgeschlossen durch den Unterzeichneten, der umso mehr glaubt, sich empfehlen zu dürfen als derselbe sich ein Jahr lang in den Vereinigten Staaten aufgehalten und deshalb den Auswanderern mit zweckdienlichen Anweisungen an die Hand gehen kann.
 L. Delkeskamp in Osnabrück,
Großestraße Nr 60."

He promises sufficient and good food during the sea voyage according to Bremen laws. He also points out that the efficiency of the ships is examined by sworn experts before every voyage. Finally, he recommends himself:

"More detailed information will be provided and comprehensive ship contracts will be concluded by the one who signed below, who feels all the more entitled to recommend himself, as he has spent a year in the United States and can therefore assist emigrants with useful instructions
L. Delkeskamp in Osnabrück,
Großestraße No. 60."

30 Annonce in Osnabrücksche Anzeigen, März 1857

Auswandereragent Heinrich Wehberg, Bersenbrück

Heinrich Wehberg aus Bersenbrück war Kaufmann und Gastwirt und arbeitete als Auswandereragent direkt für den Schiffsexpedienten Lüdering aus Bremen. Es ist noch seine Kladde erhalten, in der er alle bei ihm registrierten Auswanderer in den Jahren von 1868 bis 1880 verzeichnete.[18] Auf dieser Seite seines Heftes weist er auf eine Gruppe von Auswanderern hin, die am 1. August 1868 des Morgens nach Bremen abgereist sind. Es waren 28 Passagiere für das Zwischendeck. Sie hatten je 60 Thaler bezahlt, zwei Kinder jeweils die Hälfte. Eine Frau Chiarallo aus Memphis hatte die Cajüte für 190 Thaler gebucht, für ihre drei kleinen Kinder musste sie je 79 Thaler bezahlen. Alle hatten eine Anzahlung von 20 Thalern an Heinrich Wehberg geleistet, das wurde damals als Handgeld bezeichnet. Ob der Bersenbrücker Agent die Auswanderer auf dem Weg nach Bremen begleitet hat, ist unbekannt. Sie mussten noch mit Kutsche oder Pferdefuhrwagen reisen, da die Eisenbahnstrecke von Osnabrück nach Bremen noch nicht gebaut war. Auf jeden Fall bestiegen sie in Bremerhaven einen für die Zeit hochmodernen Dampfsegler, die „Hansa", die den Atlantik in 14 bis 18 Tagen überqueren konnte.

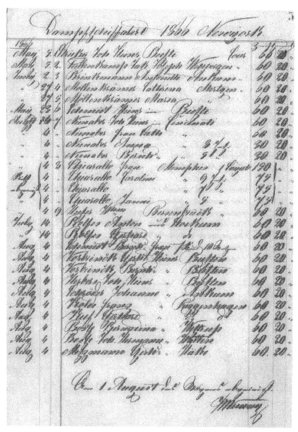

32 Page in the note book of agent Heinrich Wehberg

Heinrich Wehberg from Bersenbrück was a merchant and innkeeper and worked as an emigration agent directly for the shipping agent Lüdering from Bremen. His preserved notebook still exists. In it, he recorded all emigrants registered with him in the years from 1868 to 1880. On this page of his notebook, he lists a group of emigrants who left for Bremen in the morning of August 1, 1868. Twenty eight passengers were in steerage and had paid 60 Taler each, two children for half price. Additionally a Mrs. Chiarallo from Memphis had booked a cabin for 190 Taler for herself and 79 Taler each for her three small children. All emigrants had paid a deposit of 20 Taler to Heinrich Wehberg. This was called "hand money" at the time. Whether the Bersenbrück agent accompanied the emigrants on their way to Bremen is unknown. They still had to travel by carriage or horse-drawn wagon since the rail-road from Osnabrück to Bremen had not yet been built. In any case, in Bremerhaven they boarded what was at the time an ultra-modern steam sailer – the "Hansa". This ship was able to cross the Atlantic in 14 to 18 days.

31 Auguste und Heinrich Wehberg,

---

[18] Auswandererkladde von H. Wehberg, Museumsquartier Osnabrück, Kulturgeschichtliches Museum L 170-1

Auswandererschutz in Bremen: Überfahrt

Emigration protection in Bremen: Passages

Bremen war neben Hamburg, Frankfurt und Lübeck eine von vier Städten und vierunddreißig großen und kleinen Fürstentümern, die ab 1815 dem Deutschen Bund angehörten. Deutschland war noch kein Nationalstaat und die Mitgliedstaaten waren weitgehend selbständig und schufen ihre eigenen Gesetze und Regelungen.

Auch der kleine Stadtstaat Bremen war souverän in seinen politischen Entscheidungen. Gute Kontakte bestanden zu den Vereinigten Staaten von Amerika und es gab konsularische Vertretungen auf beiden Seiten des Atlantiks.

Die Kaufleute und Schiffseigner, die oftmals auch zu den einflussreichen Senatoren Bremens zählten, pflegten rege Handelsbeziehungen zu den amerikanischen Hafenstädten. Sie gründeten Handelshäuser in New York und Philadelphia, schickten ihre Söhne zur Ausbildung dorthin und wurden oftmals angesehene Bürger der Städte und „Auswanderer auf Zeit". Es war „Ehrensache", dass sie sich auch in der „Deutschen Gesellschaft" engagierten und sich für das Wohl von Einwanderern einsetzten.

Als die Zahl der europäischen Emigranten stieg, beobachteten die Bremer Kaufleute und Schiffseigner das lukrative Geschäft der englischen, französischen und holländischen Reeder, die ihre Passagen auf der Hinreise mit zahlenden Auswanderern gut auslasteten und hohe Gewinne machten. Auch sie wollten in dieses Geschäft einsteigen, fühlten sich aber zugleich der amerikanischen Sichtweise und der humanen Ausrichtung der „Deutschen Gesellschaft" verpflichtet.

Die Menschen sollten nicht wie Vieh transportiert werden, daher waren die „amerikanischen Bremer" maßgeblich beteiligt, als 1832 der Bremer Senat gesetzliche Regelungen zu den Bedingungen einer menschenwürdigen Überfahrt ausarbeitete und eine „Verordnung wegen der Auswanderer mit hiesigen oder fremden Schiffen" erließ.

Alongside Hamburg, Frankfurt and Lübeck, Bremen was one of the four cities and 34 large and small principalities that belonged to the German Confederation from 1815 to 1866. Germany was not yet united and the member states were largely independent, creating their own laws and regulations.

Even the small city-state of Bremen was independent in its political decisions. Good contacts existed with the United States of America and there were consular representations on both sides of the Atlantic.

The merchants and ship owners, who were often among Bremen's influential senators as well, maintained lively trade relations with the American port cities. They established trading houses in New York and Philadelphia and sent their sons for education. In many cases, they became respected citizens of the American cities and were temporary emigrants. It was a matter of honor that they also became involved in the "German Society", through which they supported the welfare of the immigrants.

As the number of European emigrants increased, the Bremen merchants and ship owners observed the lucrative business of the English, French and Dutch ship owners, who made good use of their passages on the outward voyage. By taking in paying emigrants, they made high profits. The Bremen merchants wanted to get into this business, too. However, at the same time they felt obliged to the American point of view and the humane orientation of the "German Society".

People were not to be transported like cattle.
The Bremen merchants living in New York were instrumental when in 1832, the Bremen Senate drew up legal regulations on the conditions of a humane crossing. They issued an "Ordinance on Emigrants on Local or Foreign Ships".

Darin wurde in allen Einzelheiten bestimmt

- die Pflichten und Rechte des Kapitäns und seiner Mannschaft
- die Seetüchtigkeit der Schiffe
- der Mindestraum pro Passagier im Zwischendeck
- die Menge und Beschaffenheit der Verpflegung für mindestens 90 Tage
- die minimale ärztliche Versorgung an Bord
- die Pflichtversicherung der Reisenden gegen Unfall und Schiffbruch

Durch diese Verordnung und seine Überprüfung kam Bremen schnell zu einem guten Ruf gegenüber den anderen europäischen Hafenstädten. Hamburg hatte immer noch vorrangig Interesse am Güter- und Handelsverkehr und begnügte sich mit dem Geschäft der indirekten Auswanderung, die die Menschen von Hamburg zu den englischen Häfen führte, von wo aus sie den Atlantik überquerten. Die übrigen Häfen in Frankreich, Rotterdam oder Antwerpen jedoch schauten mit Neid auf die steigenden Auswandererzahlen in Bremen. Die deutschen Schiffe, die von Bremerhaven ablegten, wurden ständig überprüft, ob sie die vorgeschriebenen Minimalstandards auch einhielten. So erreichten sie schnell eine geringere Sterblichkeitsrate von 0,7 % im Vergleich zu 5 % auf holländischen Seglern und galten bald als „sichere" Schiffe.[19]

Während französische und britische Reedereien ihre Passagiere selbst kochen ließen, sorgten deutsche Reedereien für die Verpflegung ihrer Steerage-Passagiere. Der Speiseplan:
Sonntag---Salzfleisch, Mehlpudding und Pflaumen. Montag----Salzspeck, Erbsensuppe und Kartoffeln. Dienstag---Salzfleisch, Reis und Backpflaumen. Mittwoch... geräucherter Speck, Sauerkraut und Kartoffeln. Donnerstag---Salzfleisch, Kartoffeln und Bohnensuppe. Freitag---Hering, Mehl und Pflaumen. Samstag---gesalzener Speck, Erbsensuppe und Kartoffeln.[20]
Weiterhin erstellte der Bremer Senat gemeinsam mit den Reedern eine Preisspanne der Schifftickets ebenso wie regelmäßige Fahrpläne. Ab den 1830er Jahren warteten die Kapitäne nicht mehr, bis die Zwischendecks mit Passagieren gefüllt waren, sondern machten die Leinen los nach festen Abfahrtszeiten ab, soweit es das Wetter erlaubte.

It determined in all details:

- *the duties and rights of the captain and his crew*
- *the seaworthiness of the ships*
- *the minimum space per passenger in steerage*
- *the quantity and quality of food for at least 90 days*
- *the minimum medical care on board*
- *the compulsory insurance of passengers against accidents and shipwreck*

This regulation as well as its verification through the senate quickly gave Bremen a good reputation in comparison to other European port cities. Hamburg was still primarily interested in goods and trade traffic and was content with the business of indirect emigration. This form of emigration led people from Hamburg to the English ports, from where they crossed the Atlantic. The other ports in France, Rotterdam or Antwerp, however, looked with envy at the increasing numbers of emigrants from Bremen. The German ships that departed from Bremerhaven were constantly inspected to ensure that they complied with the prescribed minimum standards. As a result, they quickly achieved a lower mortality rate of 0.7 %. compared to 5% on Dutch sailing ships:

While French and British shipping companies had their passengers cook their own meals, German shipping companies provided meals for the steerage passengers. The menu:
Sunday---salted meat, flour pudding and prunes. Monday----salted bacon, pea soup and potatoes. Tuesday---salted meat, rice and prunes. Wednesday----smoked bacon, sauerkraut and potatoes. Thursday---Salted meat, potatoes and bean soup. Friday---herring, flour and prunes. Saturday---salted bacon, pea soup and potatoes.
Furthermore, the Bremen Senate, together with the ship owners, established a price range of ship tickets as well as regular schedules. Starting in the 1830s, captains no longer waited until steerage was filled with passengers. Instead, they departed at fixed weekly departure times – weather permitting of course.

---

[19] Rößler, Horst, Reisen, Hafenstädte, Überfahrt, 2004, S. 58
[20] Blanck, Maggi, Auswanderer an Bord eines Seglers, http://www.maggieblanck.com/

Auswandererschutz in Bremen: Aufenthalt in der Stadt
Emigration protection in Bremen: Staying in the city

Bevor die Auswanderer die Atlantikschiffe im Hafen erreichten, kamen sie zunächst in der Hansestadt Bremen an, wo sie einige Tage verbringen mussten, bis die Kähne oder Dampfboote sie nach Bremerhaven brachten. Die Stadt war voll von Menschen, die mit den unterschiedlichsten Dialekten aus den deutschen Ländern sprachen. Sie alle hatten ihre letzten organisatorischen Dinge zu erledigen, wie Schiffskarten abholen, Geld zu wechseln, letzten Reisebedarf wie Strohmatratzen, Decken, Blechgeschirr und ergänzenden Proviant zu kaufen. Sie brauchten eine Unterkunft, bis die Kähne sie nach Bremerhaven brachten, was zu Zeiten der Segelboote mehrere Tage und länger dauern konnte.

Für die Bremer war mit den Auswanderern ein gutes Geschäft verbunden und die Gastwirte versuchten, die Menschen mit allen Mitteln in ihre Unterkunft zu locken. Dafür hatten sie „Litzer" oder „Runner", die ihnen gegen Provision die unbedarften Auswanderer zulotsten. Nicht selten kam es zu Prügeleien und Auseinandersetzungen im Kampf um die Gäste. Die Herbergswirte verlangten hohe Übernachtungskosten und boten oft nur unhygienische Verhältnisse in überbelegten Unterkünften. 1868 gab es in Bremen 149 Gasthäuser, über die Hälfte davon lebten ausschließlich vom Geschäft mit den Auswanderern. Bis zu 7000 Personen befanden sich in der Stadt.

„Auch an der Belieferung der vielen tausenden von Auswanderern sowohl mit Waren und Gegenständen des täglichen Bedarfs als auch für ihre spezielle Reiseausrüstung verdienten Bremens Handel und Gewerbe nicht schlecht, und es gab regelrechte Spezialgeschäfte für Auswandererbedarf." [21]

In der Stadt waren Gauner, Taschendiebe und Betrüger unterwegs, um die meist ahnungslosen und gutgläubigen Menschen, die zum ersten Mal im Leben ihren Heimatort verlassen hatten, übers Ohr zu hauen und ihnen ihr hart erspartes Geld abzunehmen. Überall hingen daher Plakate aus, um die Auswanderer zu warnen.

Before the emigrants reached the Atlantic ships in the port, they first arrived in the Hanseatic city of Bremen. They had to spend a few days here until the barges or steamboats took them to Bremerhaven. The city was full of people speaking a wide variety of dialects from the different German areas. They all had their last organizational things to do: pick up ship tickets, change money or buy the last travel necessities such as straw mattresses, blankets, tinware, and additional food supplies. They needed a place to stay until the barges took them to Bremerhaven. In the age of sailing boats, this could take some days or even some weeks.

For the people of Bremen, the emigrants were good business, and so innkeepers often tried to lure emigrants into their lodgings by any means possible. For this purpose, they paid men for luring unsuspecting emigrants to them. These guys were called "Litzer" or "Runner". It was not uncommon for disputes and fights to break out over the guests. The innkeepers demanded high accommodation costs and often offered only unhygienic conditions in overcrowded lodgings. In 1868, there were 149 inns in Bremen, more than half of which lived exclusively from the business made with emigrants. Up to 7,000 emigrants were in the city at the time.

"Bremen's trade and commerce also did not earn badly from supplying the many thousands of emi- grants both with goods and articles of daily use and for their special traveling equipment, and there were even special stores for emigrant supplies."

But there were also tricksters, pickpockets and scammers in the city. They tried to swindle the mostly unsuspecting and trustful people who had left their hometowns for the first time in their lives and take their hard-saved money. In order to warn emigrants, the city thus placed posters in town.

---

[21] Führer des Deutschen Schifffahrtsmuseums, Nr 4, Seite 17

Das Nachweisungsbureau

1848 wurden die Gesetze durch den Bremer Senat verschärft. Die Bremer Behörden pochten auf die Einhaltung der erlassenen Auswanderungsschutzgesetze und schafften es, durch konsequentes Handeln, kriminelles, ausbeuterisches Verhalten in der Stadt weitgehend zu verdrängen.
Die wichtigste Maßnahme war dabei 1851 die Einrichtung eines „Nachweisungsbureaus" als Anlaufstelle für die Auswanderer, wo sie sich kostenlos informieren, beraten lassen, aber auch beschweren konnten. Das Büro lag zentral am Marktplatz gegenüber vom alten Rathaus im prächtigen Handelshaus der Kaufleute, dem sogenannten Schütting.
Hier konnten sich die durchreisenden Menschen Rat und Auskunft holen und erhielten Verhaltensmaßregeln, um nicht Betrügern in die Hände zu fallen. In Notsituationen bekamen sie sofortige Hilfe. Weitere solcher Büros gab es am Anlegeplatz der Boote, die nach Bremerhaven ablegten, sowie später, als es die Eisenbahn gab, im Bahnhof der Stadt.
Im Nachweisungsbureau lagen Listen aus mit den Namen von Herbergen, die sich vertraglich gebunden hatten, bestimmte Übernachtungs-vorgaben einzuhalten und vor allem nicht mehr an Kosten zu verlangen, als ortsüblich vereinbart war.

Auch wurden Preisspannen angegeben für die Artikel des Reisebedarfs und der Beköstigung während des Aufenthalts in der Stadt.
Um Geldwechsel tätigen zu können, gab es Hinweise auf ehrbare Banken und Wechselkurse.

The Emigration Office

In 1848, the laws were tightened by the Bremen Senate. The authorities insisted on compliance with the enacted emigration protection laws and, through consistent action, succeeded in largely suppressing criminal, exploitative behavior in the city.
The most important measure was the "Nachweisungsbureau" (office for emigrants) in 1851. This was a contact point for emigrants, where they could obtain information and advice free of charge, but could also complain. The office was centrally located on the market square opposite the old town hall in the magnificen merchants' house – the so-called Schütting.
Here, people passing through could get advice and information and were given rules of conduct to avoid falling into the hands of scammers. In emergency situations they received immediate help. Other such offices existed at the landing place of the boats leaving for Bremerhaven and later, when the railroad existed, in the city's train station.
In the Nachweisungsbureau, lists were displayed with the names of hostels that had contractually agreed to adhere to certain accommodation specifications and, above all, not to charge more than was customary in the locality.

Price ranges were also given for items of travel necessities and food during the stay in the city.
In order to be able to exchange money, there were lists of respectable banks and exchange rates.

Außerdem bekamen die Auswanderer einen gedruckten umfangreichen und kostenlosen Ratgeber: „Verhaltensmaßregeln und Winke für Auswanderer während ihres Aufenthalts in Bremen, Bremerhaven und auf dem Seeschiffe". Eine zweite Broschüre lag aus, die von der „Deutschen Gesellschaft in Amerika" erstellt worden war und den Reisenden schon vor der Überfahrt wertvolle Informationen, Vorsichtsmaßregeln und Ratschläge über die Ankunft und Weiterreise in den USA erteilte.

In addition, the emigrants received a comprehensive printed guidebook free of charge: "Rules of conduct and hints for emigrants during their stay in Bremen, Bremerhaven and on the ocean-going vessel". A second brochure was available, prepared by the "Deutsche Gesellschaft in Amerika" (German Society in America), which provided travelers even before the passage with valuable information, precautions and advice about their arrival and further travel in the United States.

33 Flyer of the Nachweisungsbureau, Bremen 1855

34 Markt am Schütting, Lithographie von F. Borchel nach einem Gemälde von H. Aßmann, 1864

Auswandererhaus in Bremerhaven (1849-1865)   *Emigration Hostel (1850-1864)*

35 Altes Auswanderhaus in Bremerhaven, Lithographie von H. Müller, 1850

In Bremerhaven angekommen, mussten die Auswanderer auf die Abfahrt ihrer Schiffe und günstige Windbedingungen warten. Das dauerte in der Regel mehrere Tage, manchmal sogar Wochen. Da es zu Anfang noch keine Unterbringungsmöglichkeiten gab, wohnten die Auswanderer bis zur Abfahrt in Behelfsunterkünften in den nahegelegenen Dörfern Lehe und Geestemünde, zum Teil sogar in Scheunen und auf Dielen.

1849 ließ der Bremerhavener Kaufmann Johann Georg Claussen ein Auswandererhaus errichten, das ab 1850 Schlafgelegenheit für 2000 Menschen und die Möglichkeit der Beköstigung von bis zu 3500 Menschen bot. Das große, dreistöckige Gebäude im klassizistischen Stil erbaut, war eine soziale Einrichtung, die man bis dahin nicht gekannt hatte. Es gab Schlaf-und Speisesäle, sanitäre Einrichtungen, eine Krankenstation und auch eine Kapelle, die im Wechsel für katholische und evangelische Gottesdienste genutzt wurde.[22] Den Auswanderern, insbesondere den Frauen, gab diese Unterkunft große Sicherheit. Pro Tag musste ein günstiger Preis von 12 Groten bezahlt werden.

Das Haus wurde 1864 geschlossen, als die Bahnstrecke zwischen Bremen und Bremerhaven fertig war, Dampfsegelschiffe eingesetzt wurden und langes Warten auf bessere Wetterbedingungen nicht mehr anfiel.[23]

Once in Bremerhaven, the emigrants had to wait for their ships to depart at favorable wind conditions. This usually took several days, sometimes even weeks. Since there were no accommodations at the beginning, the emigrants lived in makeshift lodgings in the nearby villages of Lehe and Geestemünde until their departure. Sometimes, they even stayed in barns and on floorboards.

In 1849, the Bremerhaven merchant Johann Georg Claussen had built an emigrant house, which from 1850 provided sleeping accommodation for 2,000 people and the possibility of feeding up to 3,500 people. The large, three-story building was built in the classicist style and was a social institution that had not been seen before. There were dormitories and dining rooms, sanitary facilities, an infirmary and also a chapel, which was used in alternation for Catholic and Protestant services.
Especially for emigrant women, this accommodation gave great security. A reasonable small price of 12 Groten had to be paid per day.

The house was closed in 1864, when the railroad line between Bremen and Bremerhaven was completed and steam sailing ships were used. Thus, the emigrants no longer had to wait for good weather conditions.

---

[22] Hoerder u. a. S. 104

[23]

Udo Thörner, Venne in Amerika, Osnabrück, 2008, S.62

NEW EMIGRATION

36 Postkarte, Bremerhaven, Lloyd Wartehalle, 1905

NEW EMIGRATION

Zeitenwende 1870/1880

Im letzten Drittel des 19. Jahrhunderts veränderten sich die Lebensumstände der Menschen in vielen Bereichen sowohl in den deutschen Ländern als auch in den USA.

Deutsches Reich

1871 wurden nach dem deutsch-französischen Krieg die vielen verschiedenen deutschen Länder zu einem Nationalstaat vereinigt. Das Deutsche Reich entstand. Der Adel verlor an Macht und Einfluss und aus den ehemals feudalen Strukturen entstanden ein neues Bürgertum und eine breite Schicht von Arbeitern. Die Industrialisierung war in großen Schritten vorangegangen und die Technik hatte durch viele neue Erfindungen wie Dampfmotoren, Elektrizität, Telefon, Funkwesen und den modernen Transportmitteln der Eisenbahn, Schnelldampfer und Automobile das Leben und die Gesellschaft grundlegend verändert.
Die Auswanderung nach Amerika aus den mittel- und nordeuropäischen Ländern nahm ab und eine verstärkte Binnenwanderung setzte ein. Deutschland wurde nach England und den USA zum drittgrößten Industriestaat weltweit und nun gab es in den entstehenden Industriezentren, wie dem Ruhrgebiet, genug Arbeit für viele Menschen.

USA

In den Vereinigten Staaten von Amerika hatte sich ebenfalls die wirtschaftlich-soziale Lage verändert. Die Zeit der Siedler war vorbei und die Landverteilung abgeschlossen. Das Homestead Act von 1864, das einen günstigen, fast kostenfreien Landerwerb ermöglicht hatte, wurde aufgehoben.
Die indigene Bevölkerung war in Reservate abgeschoben und die Sklaven waren befreit worden, aber es bestand weiterhin eine große Kluft zwischen den weißen und farbigen Bewohnern der USA. Das Land war zu einem starken Industriestaat aufgestiegen.
Arbeiter wurden gebraucht, die aber nicht wahllos unter einwandernden Menschen zu Billiglöhnen rekrutiert wurden, sondern die durch Aufkommen von Gewerkschaften sich vor Ausbeutung weitgehend schützten konnten.

Turning point 1870/1880

In the final third of the 19th century, people's living conditions changed in many ways– both in the German states and in the USA.

German Empire

In 1871, after the Franco-Prussian War, the many different German states were united into one nation and one state. The nobility lost power and influence and a new middle class as well as a large working class emerged from former feudal structures. Industrialization had progressed in great strides and technology had fundamentally changed life and society through many new inventions. These included steam engines, electricity, telephones, radio communications as well as the modern means of transportation, such as railways, fast steamers and automobiles.
Emigration to America from Central and Northern European countries declined. Instead, internal migration to the German cities came up. Germany became the third largest industrialized country in the world after England and the USA. Now there was enough work for many people in the emerging industrial centers, such as the Ruhr area.

USA

In the United States of America, the economic and social situation had also changed. The time of settlers was over and the distribution of land was completed. The Homestead Act of 1864, which had allowed cheap, almost free land acquisition until then, was repealed.

The indigenous population had been deported to reservations and the slaves had been freed. Nevertheless, a great divide continued to exist between white and colored residents of the United States. The country had risen to become a strong industrial state.
Workers were needed, but they were not recruited randomly among immigrants who would accept cheap wages. Instead, people were largely protected from exploitation by coming up labor unions.

Die Einwanderung ließ nicht nach, sondern stieg an, vor allem kamen nun Menschen aus den osteuropäischen Ländern und aus China. Mit dem Chinese Exclusion Act von 1890 wurde deren Einwanderung strikt verboten. Für andere Nationalitäten wurden die Gesetze verschärft und zur besseren Überwachung und Kontrolle verlegte man 1892 die Einwanderungsbehörde von Castle Garden auf die kleine Insel Ellis Island im Hafen von New York.

However, immigration did not stop, but increased again. Only, new emigrants came mainly from Eastern European countries and from China. But the Chinese Exclusion Act of 1890 strictly prohibited their immigration. For other nationalities, the laws were tightened. The immigration office was moved from Castle Garden to the small island of Ellis Island in New York Harbor in 1892.

Schifffahrtsgesellschaften

Shipping companies

Als Mitte des 19. Jahrhunderts immer mehr Dampfschiffe eingesetzt wurden, war es für eine einzelne Reederei nur schwer möglich, die Kosten dafür aufzubringen. Der Bau eines dampfbetriebenen Schiffes für die Atlantikpassage kostete damals so viel wie der von drei bis vier Handelsseglern. Hinzu kamen erhöhte laufende Kosten, vor allem für die benötigte Kohle als Heizmittel für die Dampfkessel. So schlossen sich mehrere familiengeführte Reedereien zu Schifffahrtsgesellschaften zusammen, die sich durch Aktienvergabe zusätzlich finanzierten.

In Hamburg entstand 1847 die Hamburg-Amerikanische-Actien-Gesellschaft, kurz Hapag genannt und 1857 in Bremen der Norddeutsche Lloyd, der sich ebenfalls durch Aktienverkauf stützte. Die Hamburger und die Bremer hatten starke Konkurrenten in den anderen europäischen Hafenstädten. Die größten Schifffahrtsgesellschaften waren:

As more and more steamships were used in the mid-19th century, it was difficult for a single shipping company to afford the costs. At that time, building one steam-powered ship for the Atlantic passage cost as much as building three to four commercial sailing ships. Added to this were increased running costs, especially for the coal now needed to heat the steam boilers. As a result, several family-run shipping companies joined together to form shipping companies. Additionally, they financed themselves by issuing shares.

In Hamburg, the Hamburg-Amerikanische Packetfahrt-Actien-Gesellschaft, or Hapag in short, was founded in 1847. In Bremen, the North German Lloyd (Norddeutscher Lloyd) was founded in 1857. This company, too, was supported by the sale of shares. The shipping companies from Hamburg and Bremen had strong competitors in other European port cities. The largest shipping companies were:

• die White Star Line	in Liverpool/England,
• die Compagnie Générale Atlantique	in Le Havre/Frankreich,
• die Red Star Line	in Antwerpen/Belgien
• die Holland-America-Line	in Rotterdam/ Niederlande
• die Hamburg-Amerika Linie(HAPAG)	in Hamburg/Deutschland
• der Norddeutsche Lloyd	in Bremen/Deutschland

Die Amerikaner hatten sich um 1850 aus der Atlantikschifffahrt herausgezogen, sich der Erschließung des Landes durch den Bau von riesigen Eisenbahnnetzen zugewandt, und erschienen erst wieder im neuen Jahrhundert. Es dauerte bis 1920, bis sie mit der „United States" einen konkurrenzfähigen Atlantikliner besaßen.

The Americans had withdrawn from Atlantic shipping activities around 1850. Instead, they turned their attention to opening up the country by building huge railway networks. They did not appear on the scene again until the new century approached. It took them until 1920 to own a competitive Atlantic liner again. This ship was called the "United States".

Die wetteifernden europäischen Reedereien versuchten nicht nur, die meisten Passagiere an Bord zu ziehen, sondern sich vor allem in Größe und Geschwindigkeit ihrer Schiffe zu überbieten. Die einfachen, bescheidenen Dampfer wandelten sich zu mächtigen Riesen der Ozeane, die immer größer, schneller und imposanter wurden. Die Passagiere der 1. Klasse wurden mit einem extravaganten Luxus in den Kabinen und Sälen der Schiffe umworben. Aber auch die Unterkünfte für die Passagiere der 3. Klasse waren zweckmäßig und angenehm eingerichtet, hatten Einzelbetten, Elektrizität und fließendes Wasser, denn immer noch machten die Auswanderer einen Großteil des Geschäftes aus.

Den Schifffahrtsgesellschaften ging es bald nicht mehr nur um den höchsten wirtschaftlichen Profit, sondern darum, führend unter den Konkurrenten zu sein. Der Zeitgeist am Ende des 19. Jahrhunderts war geprägt von großem Nationalstolz und Patriotismus überall in Europa. Ihren Ausdruck fand diese konkurrierende Haltung im, noch friedlichen Kampf der Nationen um das Blaue Band (Blue Riband) für die schnellste Überquerung des Atlantiks.

38 Poster der Holland-Amerika Line, Rotterdam

37 Poster der White Star Line, Liverpool

The competing European shipping companies not only tried to draw the most passengers on board, but above all to outdo each other in size and speed of their ships. The simple, modest steamships were transformed into mighty giants of the oceans, becoming ever larger, faster and more imposing. The 1st class passengers were wooed with extravagant luxury in the cabins and saloons of the ships. But the accommodations for 3rd class passengers were also functional and pleasantly furnished. They had single beds, electricity and running water, because emigrants still made up a large part of the business.

Soon, the shipping companies were no longer concerned about making the highest economic profit, but about becoming the leader among their competitors. The zeitgeist at the end of the 19th century was characterized by great national pride and patriotism throughout Europe. This competitive attitude found its expression in the still peaceful battle of nations for the Blue Ribbon – an award for the fastest crossing of the Atlantic.

Norddeutscher Lloyd – Beginn

39 Hermann Heinrich Meier, Junior, Focke Museum Bremen, 1825

Eine entscheidende Bedeutung für die Entwicklung Bremens zu einem der führenden Auswandererhäfen im 19. Jahrhundert hatten die Gebrüder Meier, die einer Bremer Kaufmanns- und Senatorenfamilie entstammten. Caspar Meier ging 1795 nach New York und eröffnete dort ein Handelshaus. Sein jüngerer Bruder Hermann Heinrich führte das Kontor in Bremen. Mit der Zeit besaßen sie eine Flotte von Handelsseglern, die Hanf, Leinen und Eisen nach New York und Baumwolle, Tabak und Reis zurück nach Bremen brachten. Die Schiffe nahmen wenige Passagiere mit und hatten keine festen Abfahrtszeiten. Eine regelmäßige Nordatlantik Linie bediente nur die amerikanische Black Ball Line von New York nach Liverpool.

Über diese Monopolstellung der Amerikaner setzte Caspar Meier sich hinweg und richtete 1828 ebenfalls eine regelmäßige Verbindung von Segelschiffen zwischen New York und Bremen ein, indem er die Handelssegler zu Postschiffen erklärte. Diese hatten erstmals einen Fahrplan und warteten nicht, bis sie voll beladen waren, sondern verließen den Hafen an einem feststehenden Termin, solange es die Wetterverhältnisse zuließen.

Nach dem Tod von Caspar Meier führten sein Bruder Hermann Heinrich und danach der Neffe Hermann Heinrich Junior den Handel über den Atlantik durch eine enge Zusammenarbeit in Bremen und New York weiter.

North German Lloyd: The Beginning

The Meier brothers, who came from a family of Bremen merchants and senators, played a decisive role in Bremen's development into one of the leading emigrant ports in the 19th century. Caspar Meier went to New York in 1795 and opened up a trading house there. His younger brother Hermann Heinrich ran the office in Bremen. In time, they owned a fleet of merchant sailing ships that carried hemp, linen and iron to New York as well as cotton, tobacco and rice on the way back to Bremen. The ships took in very few passengers and had no fixed departure times. A regular North Atlantic line from New York to Liverpool was served by the American Black Ball Line only.

Caspar Meier overrode this American monopoly position and in 1828 also established a regular connection of sailing ships between New York and Bremen. He did so by declaring his merchant sailing ships to be mail ships. These had a fixed schedule for the first time. This meant they did not wait until they were fully loaded, but left port on a fixed date as long as the weather conditions permitted them to do so.

After the death of Caspar Meier, his brother Hermann Heinrich and then his nephew Hermann Heinrich Junior continued the trade across the Atlantic by working closely together in Bremen and New York. Technical development progressed and young Hermann Heinrich dreamt of a steamship line across the ocean.
The new paddle steamers had already been used on the rivers.

The Americans succeeded in crossing the Atlantic for the first time in 1819 with the "Savannah". The English Cunard Line introduced the first regular steamship line across the ocean in 1838.
The Americans also decided to establish an Atlantic mail steamer service to Europe and chose Bremen as its European destination port.
On June 19, 1837, the American paddle steamer "Washington" docked at Bremerhaven's quay for the first time and caused great astonishment among the local people. For ten years, the "Ocean Steam Navigation Company" served the Bremen-New York route as a mail steamer. Then it ran into economic difficulties, as most emigrants still preferred a much cheaper passage by sailing ship.

Die technische Entwicklung schritt voran und der junge Hermann Heinrich träumte von einer Dampfschifffahrtslinie über den Ozean. Die neuen Schaufeldampfer wurden schon auf den Flüssen eingesetzt. Den Amerikanern gelang 1819 mit der „Savannah" die erste Atlantiküberquerung und die englische Cunard Line führte 1838 die erste regelmäßige Dampferlinie über den Ozean ein. Auch die Amerikaner beschlossen eine atlantische Postdampferverbindung nach Europa und wählten Bremen als europäischen Zielhafen dafür aus.

Hermann Heinrich Meier, however, saw a future in steam shipping despite everything and took a risk with his business partner Eduard Crüsemann.

Together, they took over the bankrupt American Company and converted it into a joint stock company called "Norddeutscher Lloyd". After initial difficulties, the company developed into one of the leading shipping companies in the world.

Am 19. Juni 1837 legte der amerikanische Schaufeldampfer „Washington" zum großen Staunen der Bevölkerung am Kai von Bremerhaven das erste Mal an.

Zehn Jahre lang bediente die Ocean Steam Navigation Company die Strecke Bremen-New York als Postdampferlinie, bis sie in wirtschaftliche Schwierigkeiten geriet, da die meisten Auswanderer immer noch die wesentlich billigere Passage mit dem Segelschiff vorzogen.

Hermann Heinrich Meier aber sah in der Dampfschifffahrt trotz allem die Zukunft und ging mit seinem Partner Eduard Crüsemann auf Risiko. Sie übernahmen die bankrotte amerikanische Company und überführten sie in eine Aktiengesellschaft mit dem Namen „Norddeutscher Lloyd".

Nach anfänglichen Schwierigkeiten entwickelte sich das Unternehmen zu einer der führenden Schifffahrtsgesellschaften der Welt.

40 Werbeplakat des Norddeutschen Lloyd, Poster ca 1900, CC Hapag Lloyd

Norddeutscher Lloyd – Aufstieg

Die technische Entwicklung schritt voran und Dampfsegler ersetzen bald die alten Segelschiffe, die wochenlang auf Fahrt gewesen waren. Das letzte kupferne Auswanderersegelschiff überquerte 1879 den atlantischen Ozean. Aus den Dampfseglern wurden Schnelldampfer, die auch ohne Takelage auskamen, denn durch den Einbau einer Schiffsschraube konnten sie nun leichter, schneller und sicherer durch die Meere gesteuert werden. Der Norddeutsche Lloyd, deren Dampferflotte auf einem hohen technischen Stand gehalten wurde, konnte sich immer besser gegen die bis dahin führenden Reedereien in Europa durchsetzen. 1880 bestellte der NDL den Schnelldampfer „Elbe" bei einer schottischen Werft. Die „Elbe" war das erste von elf Schiffen, die auf den Namen deutscher Flüsse getauft wurden. Die „Weser", die „Mosel", die „Werra" oder die „Lahn" gehörten zur sogenannten „Flüsseklasse", einer Serie von sehr erfolgreichen Dampfern, die Hunderttausende von Auswanderern in einer nun sehr sichereren und angenehmen Überfahrt in nur neun bis zehn Tagen in die Neue Welt brachten. Immer größere und schnellere Dampfer aus Eisen und Stahl wurden in Auftrag gegeben. 1887 lief die „Augusta Viktoria" als erster Doppelschraubendampfer vom Stapel und begründete eine Reihe von luxuriösen Ozeanriesen, die die Konkurrenz übertrafen und mehrfach das Blaue Band erhielten. Ein neues prächtiges Verwaltungsgebäude wurde 1910 in Bremen errichtet. Mit Beginn des Ersten Weltkrieges fand die Erfolgsgeschichte des NDL allerdings ein abruptes, vorläufiges Ende. Nach einem für alle beteiligten Nationen katastrophalen Ersten Weltkrieg und der deutschen Niederlage verlor die Bremer Schifffahrtsgesellschaft fast alle ihre Schiffe, schaffte es aber, sich zu erholen. 1929 und 1930 wurden die Atlantikliner „Bremen" und „Europa" gebaut, riesige und schnelle, mit viel Luxus ausgestattete Schiffe, die sogar das Blaue Band gewannen. Durch die strikte amerikanische Einwandererquotenregelung von 1921 stiegen die Auswandererzahlen nicht wieder auf das Vorkriegsniveau an. Nach den beiden Weltkriegen verlor der Passagierdienst auf den Schiffen an Bedeutung durch den zunehmenden Verkehr in der Luft. Ebenso litt die Frachtschifffahrt unter starker Konkurrenz. Angesichts des Ende der 60er Jahre einsetzenden Booms im Containerverkehr fusionierten beide deutsche Unternehmen aus Bremen und Hamburg zur Hapag-Lloyd AG.

North German Lloyd – Rising up

Technical development progressed and steam sailing ships soon replaced the old sailing ships that had been on the move for weeks at a time. The last emigrant sailing ship crossed the Atlantic Ocean in 1879. The steam sailers became fast steamers that could manage without rigging. This was because the installation of a propeller now made it possible to steer them lighter, faster and safer through the seas. The North German Lloyd (NDL), which steamship fleet was kept at a high technical level, was increasingly able to compete against the leading shipping companies in Europe at the time. In 1880, NDL ordered the fast steamer "Elbe" from a Scottish shipyard. The "Elbe" was the first of eleven ships that were named after German rivers. The "Weser", the "Mosel", the "Werra" or the "Lahn" belonged to the so called "river line" – a series of very successful steamships that brought hundreds of thousands of emigrants to the New World in a now very safe and even pleasant crossing that took only nine to ten days.

In the following, even larger and faster steamships made from iron and steel were commissioned. In 1887, the "Augusta Viktoria" was the first double-screw steamer to be launched. This was the first steamship in a series of luxurious ocean liners that surpassed the competition and received the Blue Ribbon several times. A magnificent new administration building for the NDL was erected in Bremen in 1910. With the beginning of the First World War, however, the success story of the NDL came to an abrupt, temporary end.

After a disastrous war for all nations involved, the First World War ended with the German defeat. Consequently, the Bremen shipping company lost almost all of its ships, but nevertheless managed to recover. In 1929 and 1930, the Atlantic liners "Bremen" and "Europa" respectively were built. These were huge and fast ships equipped with a lot of luxury. Plus, they even won the Blue Ribbon. Due to the strict American immigrant quota regulation of 1921, the emigrant numbers did not rise again to pre-war level After the two World Wars, passenger service on ships lost importance due to increasing air traffic. Cargo shipping also suffered from strong competition. Because of the booming container traffic that began at the end of the 1960s, the two German shipping companies from Bremen and Hamburg merged to form the Hapag-Lloyd AG.

Hamburg-Amerikanische Packetfahrt-Actien-Gesellschaft HAPAG

Die HAPAG wurde am 27. Mai 1847 von dreißig angesehenen Hamburger Kaufleuten gegründet, um einen direkten Liniendienst zwischen Hamburg und Nordamerika einzurichten. Es ging darum, regelmäßig Post und Stückgut zu befördern aber auch am lukrativen Geschäft mit den Auswanderern teilzunehmen. Zunächst setzte man weiterhin Segelschiffe ein, denn man war vorsichtig und traute der neuen Dampftechnik nicht so recht. Außerdem war die Finanzkraft anfangs nicht ausreichend, weil die Aktionäre nur zögerlich zeichneten. Erst acht Jahre später wurden mit der „Borussia" und der „Hammonia" zwei Dampfsegler gekauft, die die Atlantikroute von Hamburg nach New York mit Zwischenstopp im englischen Southampton befuhren.

Als ab 1870 die Auswandererzahlen anstiegen, reagierte die Hapag nicht darauf, sondern beließ es beim Umfang ihrer Flotte. Andere Unternehmen, wie die englische Carr Line begannen, in Hamburg das Passagiergeschäft auszuweiten und orderten große Schnelldampfer, die bis zu tausend Menschen aufnehmen konnten.

Sie beförderten bald mehr Auswanderer als die Hapag und heftige Preiskämpfe brachen aus. Durch eine wirtschafliche Depression in den USA wie auch im Deutschen Reich verschärfte sich die Lage.1885 brach der Markt zusammen und es musste neu geordnet werden. In den Verhandlungen setzte sich die Hapag durch, übernahm die Carr Line und gleichzeitig ihren Geschäftsführer Albert Ballin, was sich als ein großer Glücksfall für die Hanseaten erweisen sollte. Mit Ballin stieg die Hapag um die Jahrhundertwende zur zeitweilig größten transatlantischen Schifffahrtsgesellschaft auf.

In order to establish a direct service line between Hamburg and North America, the HAPAG was founded on May 27, 1847 by thirty respected merchants from Hamburg. The aim was to carry mail and general cargo on a regular basis, but also to participate in the lucrative business with emigrants. At first, the company continued to use sailing ships, because the founders were cautious and did not really trust this new steam technology. In addition, the financial power was not sufficient at first, because people were reluctant to buy shares. It was not until eight years later that two steam sailing ships, the "Borussia" and the "Hammonia" were purchased to cross the Atlantic from Hamburg to New York with a stopover in Southampton, England.

When the number of emigrants increased from 1870 onwards, Hapag did not react, but left the size of its fleet as it was at the time. Other companies, such as the English Carr Line, began to expand their passenger business in Hamburg and ordered big fast steamers that could carry up to a thousand people.

41

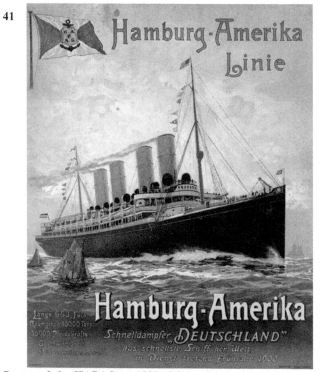

They soon carried more emigrants than Hapag. Fierce price wars broke out. The situation became worse when economic depression broke out in both the USA as well as in the German Reich. In 1885, the market collapsed and new arrangements had to be made. Hapag took over the Carr Line and its managing director Albert Ballin. This was to prove a great stroke of luck. With Ballin, Hapag rose to become the largest transatlantic shipping company around 1900 and remained so until the beginning of the First World War.

Poster of the HAPAG ca 1900, CC by Hapag Lloyd, Hamburg

Von der deutschen zur osteuropäischen Auswanderung (1880-1914)

From German to Eastern European emigration (1880-1914)

Beginn osteuropäischer Auswanderung

Nach anfänglichen Schwächen kam es im neugegründeten Deutschen Reich zu einem wirtschaftlichen Aufschwung, der vielen Menschen Arbeit bot. Die Deutschen, die jetzt noch auswanderten, waren überwiegend Angehörige schon in Amerika lebender Familien, die ihre Verwandten nachholten. Die Zahl der aus Deutschland stammenden Auswanderer sank rapide, dennoch reisten im Jahre 1880 so viele Menschen wie noch nie zuvor über die deutschen Häfen Bremen und Hamburg aus.

Sie kamen nun aus dem osteuropäischen Raum, aus dem alten Russland, aus Böhmen, Mähren und Galizien, dem Habsburger Reich Österreich-Ungarn oder dem Balkan. Im Gegensatz zu den westeuropäischen Staaten verharrten die Länder des Ostens, vor allem das Zarenreich, in ihrer feudalen Vergangenheit. In dem rückständigen Agrarstaat wurden die Menschen von Missständen, Elend und Armut geplagt und von der Obrigkeit unterdrückt. Wer sich dagegen auflehnte, wurde politisch verfolgt. Reformen wie in den westlichen Ländern blieben aus.

Nach der Ermordung des russischen Zaren 1881 flammten antijüdische Proteste auf und es kam zu Progromen. Tausende der verzweifelten Leute suchten ihre Rettung in der Auswanderung und strömten Richtung Westen. Hier waren es die deutschen Häfen, die am günstigsten zu erreichen waren, denn es führten erste Eisenbahnlinien nach Deutschland, wo es bereits ein gut ausgebautes Streckennetz bis an die Grenzen der osteuropäischen Länder gab.

Beginning of Eastern European emigration

After initial weaknesses, the newly founded German Reich experienced an economic upswing that provided work for many people. The German emigrants now, were mostly members of families already living in America. They brought their relatives to join them. The number of German emigrants declined rapidly, yet in 1880 more people than ever before left through the German ports of Bremen and Hamburg.

They now came from Eastern Europe, from Russia, Bohemia, Moravia and Galicia, the Habsburg Empire of Austria-Hungary or the Balkans. In contrast to the Western European states, the countries of the East, especially the Russian tsarist empire, persisted in their feudal past. In the back- ward agrarian states, people were plagued by misery and poverty. Plus, they were oppressed by the authorities. Anyone who rebelled against them was politically persecuted. Reforms, as in western countries, failed.

After the assassination of the Russian tsar in 1881, anti-Jewish protests flared up and pogroms broke out. Thousands of desperate people sought rescue in emigration and fled to the West.. The German ports were the most convenient to reach. Germany by then had a well- developed railway network of routes to the borders of the Eastern European countries.

42 Wartesaal in Ruhleben, Berlin, Zehme, 1890

Agenten in Osteuropa

Viele Reedereien erkannten schnell das neue, vielversprechende Geschäft und schickten ihre Agenten in die Dörfer des Ostens. Deren Tätigkeit gestaltete sich aber ganz anders als „das hochspezialisierte, gesetzlicher Kontrolle unterworfene System professionell betriebener Auswanderungsagenturen, das sich bis zur Mitte des 19. Jahrhundert in Westeuropa herausgebildet hatte." [24]

In den osteuropäischen Ländern unterlag die Auswanderung keiner staatlichen Aufsicht und wurde erschwert und behindert, wo es nur ging.

Das fing schon bei der Ausstellung eines extrem teuren Reisepasses an. So war die Tätigkeit der Agenturen in vielen Fällen eine Hilfe zur illegalen Ausreise oder gar Flucht. Auch untereinander arbeiteten die Vermittler der Schiffspassagen oft mit unlauteren Mitteln gegeneinander und lieferten sich einen harten, zuweilen skrupellosen Wettbewerb um die Gunst der Ausreisewilligen.

Auswandererbahnhof Ruhleben in Berlin

Als im Jahre 1892 die Cholera in Hamburg ausbrach, wurden schnell die osteuropäischen Auswanderer dafür verantwortlich gemacht. Die Grenzen zum Osten wurden geschlossen. Die um ihre Einnahmen fürchtenden, sonst in Konkurrenz stehenden Reeder taten sich zusammen und verhinderten in langen Verhandlungen einen Stopp der Auswanderungen, indem sie es durchsetzen, eigene Grenzstationen einzurichten, zum Beispiel in Eydkuhnen in Ostpreußen.

Hier wurden die Emigranten einer ärztlichen Untersuchung unterzogen und konnten dann weiterreisen, zunächst zum Knotenpunkt Berlin, wo sie aus allen möglichen Richtungen auf den verschiedenen Bahnhöfen der deutschen Hauptstadt eintrafen. Als die Cholera sich weiter verbreitete, errichtete man eiligst einen eigenen, abgelegenen Auswandererbahnhof als Durchgangs-und Kontrollstation in der Nähe des Güterbahnhofs Ruhleben im Westen Berlins.

Agents in Eastern Europe

Many shipping companies quickly recognized the new, promising business and sent their agents to the villages in the east.
Their activities, however, were quite different from "the highly specialized, legally controlled system of professionally run emigration agencies that had developed in Western Europe by the mid-19th century."

In Eastern European countries, emigration was not subject to government supervision and was hampered and hindered wherever possible.

This began with issuing an extremely expensive passport. Thus, in many cases, the agencies helped with illegal departure or even escape. Among each other, the agents of the shipping companies often worked by unfair means and engaged in fierce, sometimes unscrupulous competition for the favor of those willing to leave their country.

Emigrant Station Ruhleben in Berlin

When the cholera broke out in Hamburg in 1892, Eastern European emigrants were quickly blamed. The borders to the East were closed. The ship owners, who feared for their income and were otherwise in competition with each other, now joined forces. In long negotiations, they prevented a stop to emigration by succeeding in setting up their own border stations, for example at Eydkuhnen in East Prussia.

Here the emigrants had to undergo control and medical examination. The onward journey then led to the central meeting place Berlin. Emigrants arrived at the various train stations in the German capital from all possible directions. As the cholera epidemic spread, a separate, outside emigrant station was hastily built as a transit and control center near the Ruhleben freight station in the West of Berlin.

---

[24] Hoerder , Knauf (Hrsg), Aufbruch in die Fremde, Bremen 1992, S. 95

Hier mussten sich die Auswanderer registrieren, desinfizieren und ärztlich untersuchen lassen, bevor sie nach einigen Tagen zu den Häfen in Bremerhaven und Hamburg weiterreisen durften, um so die einheimische Bevölkerung vor dieser und weiteren ansteckenden Krankheiten zu schützen.

Here, the emigrants had to register, to desinfect and to undergo medical examinations before they were allowed to continue their journey to the ports of Bremerhaven or Hamburg after a few days. This was done to protect the local population from contagious diseases.

Der Bahnhof wurde von Hapag und Lloyd gemeinschaftlich betrieben. Es gab drei Unterkunftsbaracken für jeweils 200 Personen, eine Kantine, eine Krankenstation und eine Desinfektionsanstalt mit Duschräumen und verschiedenen, großen Aufenthaltsräumen. Die Menschen erhielten am Bahnhof Ruhleben eine ärztliche Kontrollkarte, die für sie zur Bedingung für die Einschiffung in den deutschen Häfen wurde.

The station was operated jointly by Hapag and Lloyd. There were three accommodation barracks for 200 people each, a canteen, an infirmary and a disinfection facility with shower rooms and various large recreation rooms. People received a medical control card at Ruhleben station, which became a prerequisite for them to embark at the German ports.

Der Auswandererbahnhof Ruhleben bestand bis zum ersten Weltkrieg. Danach nahm die Zahl der Menschen aus Osteuropa, die ihre Länder verließen, wieder ab, nicht zuletzt auch wegen der verschärften Einreisebedingungen in den USA.

The Ruhleben emigrant station existed until the First World War. After that, the number of people from Eastern Europe leaving their countries decreased again. This mainly happened because of the tightened entry conditions of the USA.

43 Auswandererbahnhof Ruhleben bei Berlin, Illustration in „Die Gartenlaube", 1895

Auswandererhallen in Hamburg

Nach den Erfahrungen von 1892 mit der Verbreitung von Cholera, baute auch Hamburg Unterkünfte für die Auswanderer, in denen sie für 14 Tage in Quarantäne bleiben mussten. Zunächst wurden sie für 1400 Menschen am Amerika-Kai von Hamburg errichtet. Als der Hafen erweitert werden musste, verlegte man die Auswandererbaracken auf die „Veddel", einem Hamburger Bezirk an der Elbe mit einem eigenen Eisenbahnanschluss, so dass die Auswanderer um die Stadt herum geleitet werden konnten. Sie kamen gar nicht in die Stadt hinein, sondern wurden nach ihrem Aufenthalt in der „Auswandererstadt" per Bahn zum Schiffsanleger nach Cuxhaven gebracht.

Auswandererhallen in Bremen

Auch in Bremen galt ab 1893 eine Verordnung, nach der sich alle Zwischendeckspassagiere nach New York und Baltimore, vor der Einschiffung fünf Tage lang zur ärztlichen Kontrolle aufhalten mussten. In der Nähe des Bahnhofs im Stadtgebiet wurden nach und nach an verschiedenen Stellen Auswandererhallen gebaut, im Jahre 1907 waren es elf große Unterkünfte vornehmlich für osteuropäische Auswanderer. Sie wurden hier medizinisch untersucht, einerseits um die Ausbreitung ansteckender Krankheiten zu verhindern, andererseits um vorzusorgen, dass kranke Einwanderer von den amerikanischen Behörden auf Kosten der Reeder nicht zurückgeschickt wurden. Nach ihrem mehrtägigen Aufenthalt fuhren sie mit der Eisenbahn nach Bremerhaven, wo sie noch am selben Tag die Schiffe in Richtung Amerika besteigen konnten.

Emigrant halls in Hamburg

After the experience of the spread of cholera in 1892, Hamburg built special accommodation facilities for the emigrants. Here, they had to stay in quarantine for 14 days. Initially, these were built for 1,400 people on Hamburg's America Quay.

Later the emigrant barracks were moved to the "Veddel" area, a Hamburg district on the Elbe. This district had its own railroad connection, so that the emigrants could be routed around the town. They did not even enter the city. After their stay in the "emigrant city" they were taken by train directly to the ship docks in Cuxhaven.

44 Lunch in the emigrant halls in Hamburg 1909

Emigrant halls in Bremen

In Bremen, from 1893 onwards, all steerage passengers to New York and Baltimore had to stay in the city for a medical checkup for five days before proceeding to Bremerhaven. Emigrant halls were gradually built in various locations near the station in the city area. In 1907, there were eleven large accommodation facilities, mainly for Eastern European emigrants. They were medically examined here, on the one hand to prevent the spread of contagious diseases, and on the other hand to make sure that sick immigrants were not sent back by the American authorities at the expense of the ship owners. After their stay of five days, they traveled by rail to Bremerhaven, where they were able to board the ships bound for America on the same day.

Friedrich Missler (1858-1922), Generalagent des Norddeutschen Lloyd

Friedrich Missler was an outstanding ship broker, who rose to become the most important and chief agent of the North German Lloyd before the turn of the century.
Friedrich Missler was born in Bremen in 1858 and came from a humble background. At the age of 15, he began an apprenticeship with the shipping agent Ludwig Bödecker.

Friedrich Missler war ein herausragender Schiffsmakler, der zum wichtigsten und noch vor der Jahrhundertwende zum Hauptagenten des Norddeutschen Lloyd aufstieg.
Er wurde 1858 in Bremen geboren und stammte aus einfachen Verhältnissen. Mit 15 Jahren machte er eine Ausbildung beim Schiffsexpedienten Ludwig Bödecker.

Mit 22 Jahren beantragte er die Konzession für eine eigene Auswandereragentur in der Bahnhofstraße in Bremen und organisierte Auswanderungen, die er der englischen Anchor Line expedierte.

At the age of 22, he applied for a license for his own emigrant agency in Bahnhofsstraße in Bremen and organized emigrations, which he expedited to the English Anchor Line.

Der Norddeutsche Lloyd sah ihn zunächst als lästigen Konkurrenten, begann jedoch mit ihm zusammenzuarbeiten, als man seine erfolgreiche Geschäftsarbeit vor allem mit Emigranten aus dem Osten bemerkte. Mit Beginn der osteuropäischen Auswanderung hatte Missler in wenigen Jahren ein erfolgreiches Netz von Agenturen und Werbern in diesem Teil Europas gespannt.

The North German Lloyd initially saw him as an annoying competitor, but began to cooperate with him when they noticed his successful business work, especially with emigrants from the East.
Since the beginning of the Eastern European emigration, Missler had managed to build up a successful network of agencies and advertisers in the East in just a few years's time.

Die Menschen kannten seinen Namen bald überall und vertrauten ihm. „Man fährt mit Missler", war der Slogan und die Auswanderer waren sich sicher, dass auf seinen Reisen vom Heimatort bis in die Häfen der Neuen Welt alles gut organisiert wurde und sie vor Betrügereien geschützt waren.

People everywhere soon knew and trusted his name. "We travel with Missler" was a slogan at that time, and emigrants were sure that on his journeys from home to the ports of the New World everything was well organized and that they were well protected from fraudsters and scammers.

Nicht nur der Name, sondern auch Misslers Portrait kursierte überall und war auf Plakaten, Visitenkarten, Briefbögen, Reisemäppchen, Kalender oder Werbegeschenken gedruckt, die seine Agenten verteilten.

Das waren für diese Zeit neue und ungewöhnliche Werbemethoden, die dem Bremer Schiffsmakler einen guten Zulauf brachten und ihn überall bekannt machten. Selbst heute noch gibt es Nachfahren, die im Laufe ihrer Familienforschung auf „Missler" stoßen und ein Schiff dieses Namens suchen, weil sie glauben, dass ihre Vorfahren einst darauf nach Amerika reisten.[25]

„Missler hatte es verstanden, in Russland und den slawischen Ländern Südosteuropas ein vorzügliches Agentur-System aufzubauen und schleuste mit Hilfe von Filialen in Prag, Wien, Budapest, Sofia, Agram, Bukarest, Temeswar, Hermannstadt, Riga, Moskau usw. Auswanderer in Massen zur Einschiffung nach Bremen."[26]

1896 überließ der Norddeutsche Lloyd das Werbegeschäft Friedrich Missler ganz und garantierte ihm für die Zuweisung der angeworbenen Gäste 180.000 Mark jährlich.
Insgesamt vermittelte seine Firma von 1885 bis 1935 über 1,8 Millionen Reisende an den Lloyd

Not only the name, but Missler's portrait circulated everywhere and was printed on posters, business cards, letter heads, travel bags, calendars or promotional gifts distributed by his agents.

These were new and un usual advertising methods for the time, which brought the ship broker from Bremen a good crowd and made him known everywhere. Even today there are descendants who, in the course of their family research, come across "Missler" and look for a ship of that name, believing that their ancestors once traveled to America on it.[2]
"Missler had succeeded in building up an excellent agency system in Russia and the Slavic countries in southeastern Europe, and with the help of branches in Prague, Vienna, Budapest, Sofia, Zagreb, Bucharest, Timisoara, Sibiu, Riga, Moscow, etc., he brought in emigrants en masse to Bremen for embarkation."

In 1896, the North German Lloyd left the advertising business entirely to Friedrich Missler, guaranteeing him 180,000 Mark a year for the allocation of the recruited guests. In total, his company referred over 1.8 million travelers to the North German Lloyd from 1885 to 1935.

45 Missler Office in Bremen, Bahnhofsstraße, Postcard ca 1895

[25]Die Maus, Gesellschaft für Familienforschung Bremen " How to emigrate to America cheaply, quickly and easily?"
[26] Weserkurier wkgeschichte.weser-kurier.de, In die neue Welt fuhr man am besten mit Missler,

Die Agentur Friedrich Misslers kümmerte sich umfassend um die Emigranten bis zur Einschiffung. Missler betrieb zwei große Auswandererherbergen in Bremen- das Hotel „Stadt Warschau" und das „Slawische Haus". Daneben unterhielt er ein großes preisgünstiges Restaurant in der Nähe des Bahnhofs, das auch koscheres Essen anbot.

Friedrich Missler's agency took comprehensive care of the emigrants up until the point they embarked. Missler operated two large emigrant hostels in Bremen - the Hotel "Stadt Warschau" and the "Slawisches Haus". In addition, he maintained a large restaurant near the train station that offered affordable and even kosher food.

Die Stadt konnte über tausend Auswanderern Quartier bieten, aber das reichte nicht mehr aus, als 1893 die gesetzliche Auflage kam, dass alle Zwischendeckspassagiere nach New York und Baltimore für fünf Tage in Bremen bleiben mussten, um sich medizinischen Kontrollen zu unterziehen.

The city could accommodate over a thousand emigrants, but that was no longer enough when the law in 1893 required all steerage passengers bound for New York and Baltimore to stay in Bremen for five days to undergo medical checks.

Die Unterbringung der Auswanderer wurde zum Problem und so errichteten die Reederei Lloyd und ihr Hauptagent Missler in der Stadt elf Auswandererhallen, die Betten, Platz und sanitäre Einrichtungen für 3500 Menschen bot.

Lodging the emigrants became a problem and so the shipping company Lloyd and their chief agent Missler built eleven emigrant halls in the city, providing beds, space and sanitary facilities for up to 3,500 people.

Es bestand kein Zwang, hier zu logieren und die Emigranten konnten sich frei in der Stadt bewegen. Aber die Unterkunft war günstig und zog vor allem die einfachen Auswanderer an. Die etwas besser gestellten Reisenden zogen es vor, in einem Hotel oder lizensiertem Gasthaus zu logieren, die für weitere tausend Menschen in der ganzen Stadt Unterkunft anbieten konnten.

The emigrants didn't have to lodge here and were free to move around the city. But the accommodation was cheap and attracted many ordinary, lower class emigrants. The slightly better-off travelers preferred to lodge hotels or licensed inns, which could provide accommodation for another thousand people throughout the city.

Nach einem Aufenthalt von fünf Tagen in Bremen ging es mit der Bahn nach Bremerhaven. Für die Auswanderer hatten Missler und Lloyd 1913 ein eigenes Bahnhofsgebäude in Bremen eröffnet, das durch einen unterirdischen Gang mit den Gleisen verbunden war.[27]

After they had completed medical checkups and a stay of five days in Bremen, the emigrants left by train for Bremerhaven. Missler and the North German Lloyd had opened a separate station building in Bremen in 1913, which was connected to the tracks of the main station by an underground passage.

Die Züge fuhren in 2 Stunden nach Bremerhaven, wo die Auswanderer direkt am Schiffsanleger im Kaiser Hafen eintrafen und die letzten Stunden im Wartesaal eines weiteren Lloydgebäudes verbrachten, bevor sie, erleichtert, dass sie die Reise bis hierhin geschafft hatten, aber auch bangend und wehmütig, für immer den alten Kontinent verließen.

In Bremerhaven, the emigrants arrived directly at the ship's dock in the so called Kaiserhafen and spent the last hours in the waiting room of another Lloyd building. Relieved that they had made the journey this far, but also anxious and wistful, most of them left the old continent forever.

---

[27] Heute das Marriot Hotel

Albert Ballin (1857-1918), Generaldirektor der Hapag Hamburg

Albert Ballin wurde am 18.07.1857 in Hamburg als Sohn eines jüdischen Auswandereragenten geboren, der mit seiner Agentur Morris & Co indirekte Schiffspassagen nach Amerika über England expedierte. Nach dem frühen Tod seines Vaters, übernahm Ballin mit 17 Jahren die Firma und vermittelte vor allem osteuropäische Auswanderer für die in Hamburg ansässige kleine Carr Linie.

Albert Ballin was born in Hamburg on July 18, 1857, the son of a Jewish emigrant agent who expedited indirect ship passages to America via England with his agency Morris & Co. After the early death of his father, Ballin took over the company at the age of 17 and mainly arranged the emigration of Eastern European emigrants for the small Carr Line based in Hamburg.

Der junge Ballin hatte die Idee, auf den Dampfern ausschließlich Zwischendeckspassagiere mitzunehmen, um noch mehr Menschen befördern und dadurch die Preise niedriger halten zu können. Das Konzept erwies sich als äußerst erfolgreich und die kleine Reederei wurde zu einem starken Konkurrenten der großen Hapag. Nach einem harten Preiskampf vereinbarten Hapag und Carr Linie schließlich die Zusammenarbeit und setzten Albert Ballin als selbständigen und alleinigen Leiter des Passagiergeschäftes ein. Damit begann der Aufstieg der Hapag zur größten Reederei der Welt.

Unter Ballins Leitung, der 1899 zum General- direktor der Hapag ernannt wurde, wuchs die Flotte von 23 Seeschiffen im Jahre 1886 auf 194 Ozeandampfer im ersten Kriegsjahr 1914.[28] Da- runter waren die größten Schiffe, die damals weltweit gebaut wurden, schnell, sicher und luxuriös ausgestattet, mit denen das reiche Großbürgertum und der Adel über den Atlantik reisten. Selbst der Kaiser kam gern zu Besuch. Doch Ballin wusste genau, wem er seinen Erfolg verdankte und bemerkte einmal: „Ohne Zwischendeckspassagiere wäre ich innerhalb weniger Wochen bankrott."

Young Ballin had the idea of ships only transporting steerage passengers, so the number of passengers could increase and thus prices would come down. The concept proved to be extremely successful, and the small shipping company became a strong competitor to the big Hapag company. After a tough price war, Hapag and Carr Line finally agreed to cooperate. During this process, Albert Ballin was appointed as the independent and sole head of the passenger business. This marked the beginning of Hapag's rise to become the largest shipping company in the world.

Under Ballin's leadership, who was appointed general manager of Hapag in 1899, the fleet grew from 23 ocean-going vessels in 1886 to 194 ocean liners in the first year of the war in 1914. Among them were the largest ships built in the world at that time. They were fast, safe and luxuriously equipped, so that the wealthy upper middle class and nobility traveled across the Atlantic on them. Even the emperor liked to visit.
But Ballin knew exactly to whom he owed his success. He once remarked: "Without steerage passengers, I'd be bankrupt within a few weeks."

---

[28] www.hapag-lloyd.com Geboren in Hamburg , in der Welt zuhause Albert Ballin und die Hapag S. 19

Als 1882 die Cholera in Hamburg ausbrach, sanken die Auswandererzahlen drastisch. Ballin entwickelte die Idee von Auswandererhallen außerhalb der Stadt, ohne dass die Auswanderer mit der Bevölkerung in Berührung kommen würden.

Auf drei Elbinseln im Stadtteil Veddel schuf er ein Dorf mit 15 Gebäuden, in denen 12.000 Auswanderer für eine vierzehntägige Quarantäne untergebracht und gut versorgt werden konnten. Ein Eisenbahnanschluss führte die Auswanderer direkt zu den Anlagen. In den Häusern waren Schlafsäle und Aufenthaltsräume, Küchen und Speisesäle, zahlreiche Waschräume mit Duschen, ein Hospital und eine ärztliche Krankenstation, eine protestantische und eine katholische Kapelle sowie eine Synagoge und sogar ein kleiner Musikpavillon. Alle Gebäude waren mit Zentralheizung und elektrischem Licht ausgestattet.

Für viele Auswanderer aus den rückständigen Gebieten Osteuropas begann hier der Eintritt in eine Neue Welt, die die meisten sich vorher nicht haben vorstellen können.

1914 fand die Auswanderung mit Ausbruch des Ersten Weltkrieges ein abruptes Ende. Albert Ballin litt sehr unter der Katastrophe des Krieges. Er war zwar ein Patriot und als „Freund des Kaisers" bekannt, doch ging es ihm zeit seines Lebens um eine gute Verständigung mit anderen Völkern und Nationen, insbesondere mit England. Sein Wahlspruch lautete: „Mein Feld ist die Welt". Die Nationen jedoch kämpften gegeneinander. Am Ende des Krieges war der größte Teil der Hapag Flotte zerstört oder von den Siegermächten eingezogen worden.

Albert Ballin starb am 9.November 1918 an den Folgen eines Herzinfarktes aufgrund einer hohen Dosis Beruhigungstabletten, ob beabsichtigt oder nicht wurde nie geklärt.

Einige der 1963 abgerissenen Auswandererhallen in Hamburg auf der Veddel wurden an gleicher Stelle wieder aufgebaut und beherbergen heute ein Museum, das mit dem Namen des großen Hapag Generaldirektors als „Ballin Stadt" am 5. Juli 2007 eröffnet wurde.

In 1892 cholera broke out in Hamburg and emigrant numbers dropped drastically. Ballin developed the idea of emigrant halls outside of the city, so the emigrants would not come into contact with the inhabitants of Hamburg.

On three Elbe islands in the Veddel district, he created a village with 15 buildings in which 12,000 emigrants could be housed and well cared for during a 14-day quarantine. A railroad connection led the emigrants directly to the facilities. The buildings contained dormitories and recreation rooms, kitchens and dining rooms, numerous washrooms with showers, a hospital and a medical infirmary, a Protestant and a Catholic chapel, as well as a synagogue and even a small music pavilion. All buildings were equipped with central heating and electric light.

For many emigrants from the backward areas of Eastern Europe, this was the beginning of their entry into a New World that most of them could not even have imagined before.

In 1914, emigration came to an abrupt end with the outbreak of the First World War. Albert Ballin suffered greatly from the catastrophe of the war. Although he was a patriot and known as a "friend of the Kaiser", it was important to him throughout his life to ensure good relationships with foreign peoples and nations, especially with England. His motto was: "My field is the world". The nations, however, fought against each other. At the end of the war, most of the Hapag fleet had been destroyed or confiscated by the allied powers.

Albert Ballin died on November 9, 1918, as a result of a heart attack due to a high dose of sedative tablets. Whether this was intentional or not has never been clarified.

Some of the emigrant halls in Hamburg in Veddel, which were demolished in 1963, were rebuilt on the same site. Today, they house an emigrant museum. Opened on July 5, 2007, the museum bears the name of the great Hapag general director and is called "Ballin-Stadt".

Vom Elend im Zwischendeck zum Vergnügungsdampfer

From steerage misery to pleasure on a steamer

Albert Ballin war mit Leib und Seele Geschäftsmann und es wurmte ihn, dass seine großen Ozeandampfer im Winter auf Reede lagen und nur Verluste einbrachten, denn Auswanderer und anderer Passagiere vermieden Anreise und Atlantiküberquerung in der kalten, oft stürmischen Jahreszeit.

Da erinnerte sich Ballin an die britische „Peninsular and Oriental Steam Navigation Company", die schon 1844 Passagierfahrten angeboten hatte, die keine Schifffahrtslinien bedienten, sondern wohlhabende Reisende nur zum Vergnügen durch die Meere kreuzen ließ.

Albert Ballin was a businessman with heart and soul, and he was not comfortable with the fact that his large ocean liners lay at anchor in winter and only brought in losses, because emigrants and other passengers avoided the journey and the Atlantic crossing in the cold, often stormy season.

Ballin then remembered the British "Peninsular and Oriental Steam Navigation Company", which had offered passenger voyages as soon as 1844. This shipping company had taken wealthy travelers to cruise the seas for pleasure.

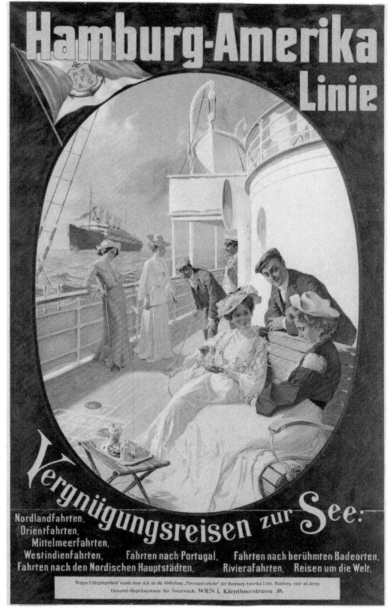

46 Hapag Lloyd poster ca 1910

So rüstete1891 Albert Ballin das bis dahin größte und luxuriöseste Schiff der Hapag, die „Augusta Victoria", benannt nach der Frau des deutschen Kaisers, versuchsweise für eine Fahrt von Hamburg ins mildere Klima des Mittelmeeres aus. Ziel war der „Orient" – ein Sehnsuchtsort wohlhabender Reisenden des 19. Jahrhunderts.

Thus, in 1891, Albert Ballin equipped Hapag's largest and most luxurious ship to date, the "Augusta Victoria", named after the wife of the German emperor, for an experimental voyage from Hamburg to the milder climate of the Mediterranean. The destination was the "Orient" – a place of longing for wealthy travelers of the 19th century.

Am 22. Januar 1891 gingen 240 Passagiere im kalten, schneebedeckten Cuxhaven an Bord des Luxusliners, darunter auch Albert Ballin und seine Frau Marianne. Das Schiffsticket kostete 2400 Goldmark, was dem damaligen zwei bis-dreifachen Jahreseinkommen eines Arbeiters entsprach.

On January 22, 1891, 240 passengers boarded the luxury liner in cold, snow-covered Cuxhaven, including Albert Ballin and his wife Marianne. The ship's ticket cost 2,400 gold marks, which was equivalent to two to three times the annual income of a worker at the time.

47 Hamburg American Line Poster, 1900, CC by Hapag Lloyd, Hamburg

The "pleasure and educational voyage" took them via Southampton to Gibraltar, Genoa, Cairo, Jerusalem, Damascus, Constantinople, Athens, Malta, Naples, Lisbon and back to Hamburg.

The sea voyage lasted three months and included shore excursions during which the travelers visited famous sites. Among them were the pyramids, the Acropolis or the Mount of Olives in Jerusalem.

The 240 passengers on board were cared for and entertained with every comfort, with a crew of 245 men and some female servants. This first "pleasure voyage" was so successful that from then on not only the Hamburg Hapag, but also other shipping companies offered cruises at sea.

Die „Vergnügungs-und Bildungsreise" führte über Southampton nach Gibraltar, Genua, Kairo, Jerusalem, Damaskus, Constantinople, Athen, Malta, Neapel, Lissabon und zurück nach Hamburg.
Die Seereise dauerte drei Monate und wurde von Landgängen unterbrochen, auf denen die Reisenden berühmte Stätten besichtigten, wie die Pyramiden, die Akropolis oder den Ölberg in Jerusalem.
Die 240 Passagiere an Bord wurden mit allem Komfort umsorgt und unterhalten, dafür stand eine Mannschaft von 245 Männern und einigen Frauen bereit. Diese erste „Vergnügungsreise" war so erfolgreich, dass von nun an nicht nur die Hamburger Hapag, sondern auch andere Reedereien Kreuzfahrten zur See anboten.

48 Anzeige für die erste Vergnügungsfahrt der Augusta Viktoria, 1891, CC by Hapag Lloyd, Hamburg

Die gefürchtete, gefährliche Seepassage entwickelte sich im Laufe des 19. Jahrhunderts zu einer angenehmen Reise über die Ozeane. Kreuzfahrten sind auch heute noch beliebt, allerdings werden sie immer mehr in Frage gestellt, angesichts der drohenden Klimakatastrophe unseres Planeten.

The dreaded, dangerous sea passage had turned into a pleasant voyage across the oceans in the course of the 19th century. Cruises are still popular today, though they are increasingly being questioned in light of our planet's impending climate catastrophe.

Der Transport von Passagieren auf großen Schiffen gehört der Vergangenheit an, heute bringen Fluggesellschaften die Menschen weltweit an ihre Ziele.

Transporting passengers on large ships is a thing of the past. Today, airlines take people to destinations worldwide.

Dennoch ist das Elend auf den Emigrantenschiffen noch nicht vorbei. Menschen, die aus wirtschaftlicher Not ihre Heimat verlassen, gibt es immer noch. Sie begeben sich auf seeuntüchtige Schiffe, riskieren eine gefährliche Passage und sind Betrügern hilflos ausgeliefert.

Nevertheless, the misery on emigrant ships is not yet over. There are people who flee their country or leave their homeland out of economic hardship even today. They embark on unseaworthy ships, risk a dangerous passage and are helplessly at the mercy of fraudsters.

Heute wie gestern bringt diese gewagte Reise manchen den Tod, anderen ein neues Leben in einer neuen Welt.

Today, just as in former times, daring this journey brings death to some and a new life in a new world to others.

49 Colour drawing of the SS Kaiser Wilhelm der Große at night passing the light house Roter Sand, by an unknown painter, ca 1905

Drei Passagen nach Amerika
Three passages to America

Der Witwer und Bauer Heinrich Lüdeling aus Badbergen besuchte seine ausgewanderte Schwester in Amerika im Jahre 1878.

Widower and farmer Heinrich Lüdeling from Badbergen visited his emigrated sister in America in 1878.

Johan Gerhard Klümpke aus Suttrup segelte nach New Orleans im Jahre 1844 und fand seine Heimat in San Francisco.

Johan Gerhard Klümpke from Suttrup sailed to New Orleans in 1844 and found his home in San Francisco

Heinrich Rattermann aus Ankum war 14 Jahre alt, als er 1846 mit seiner Familie nach Cincinnati auswanderte.

Heinrich Rattermann from Ankum was 14 years old, when he emigrated with his family to Cincinnati.

Heinrich Rattermanns Reise – Auf Pferdewagen und Segler nach Amerika

Heinrich Rattermann's journey – By horsecart and sailing ship to America

Im Jahre **1846** reiste der 14- jährige Heinrich Rattermann mit seinem 80 jährigen Großvater, seinen Eltern und zwei jüngeren Brüdern von Bremen nach New York und dann weiter nach Cincinnati.

*In **1846**, 14-year-old Heinrich Rattermann traveled with his 80-year-old grandfather, his parents and two younger brothers from Bremen to New York and then on to Cincinnati.*

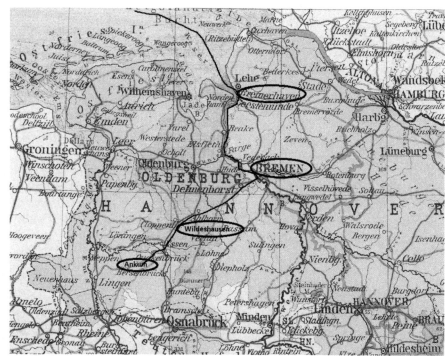

50 Historic map of Kingdom of Hannover and Duchy of Oldenburg with Heinrich Rattermann's route from Ankum to Bremen and Bremerhaven

Er hat seinen geliebten Heimatort Ankum nicht wiedergesehen, blieb aber in Kontakt mit seinem „hochgeschätzten" Lehrer Heinrich Möllenbrock:

Ein Brief ist erhalten geblieben, in dem er über seine Anreise nach Bremerhaven schreibt, allerdings liegen keine Aufzeichnungen über die Seereise und Weiterreise in den USA vor. Im deutschen Viertel von Cincinnati „Over the Rhine" lebte und arbeitete er, gründete ein Feuer - versicherungsunternehmen und war erfolgreich als Historiker, Schriftsteller und Herausgeber eines deutsch-amerikanischen Magazins.

He never saw his beloved village of Ankum again, but kept in touch with his "highly esteemed" teacher Heinrich Möllenbrock:

A letter has been preserved in which he writes about his journey to Bremerhaven, but there is no written account of the sea passage and further travel in the USA. He lived and worked in the German quarter of Cincinnati "Over the Rhine", founded a fire insurance company and was successful as a historian, writer, poet and editor of a German-American magazine.

Heinrich Rattermann writes:

Im Anfang August 1846 verließen meine Eltern in frühester Morgenstunde, als der Tag kaum graute, die Heimat. Die Anstalten dazu waren vorher schon gemacht, Haus und Garten und Ackerfelder wurden verkauft, und die Hausgeräte und das Tischlerwerkzeug wurden auf Auktion verkauft, selbst die überflüssigen Kleider; und nur gutes Bettzeug und mehrere Stücke von meiner Mutter gewebter Leinwand wurden mitgenommen. Alles das brachte nur wenig Geld…Allein, der Vater hatte von seinen Brüdern in Amerika die Weisung bekommen, er solle nur ja nichts von dem Haus-und Werkzeuggerät mitnehmen, weil er es doch nicht in Amerika verwerten könne…

Am Vorabend vor unserer Abreise, als der mit Kisten und Kasten, Bettzeug und Proviant für die Seereise beladene Frachtwagen bereits vor der Türe stand, erhielten wir noch den Abschiedsbesuch von zwei Herren in der nur schwach beleuchteten Stube. Es waren unser Familienarzt Dr Hartmann und mein Lehrer Möllenbrock…

In the beginning of August 1846, my parents left home at the earliest hour in the morning, when the day was just dawning. The arrangements had been made beforehand, house and garden and fields were sold, and the housewares and carpenter's tools were sold at auction, even the unnecessary clothes; and only good bedding and several pieces of canvas woven by my mother were taken with us.

All this brought few money... Only, the father had been instructed by his brothers in America that he should take nothing of the house and tool equipment with him, because he could not use it in America.

The evening before our departure, when the freight wagon loaded with boxes and crates, bedding and provisions for the sea voyage was waiting outside the door, we received a farewell visit from two gentlemen in the dimly lit main room. They were our family doctor Dr Hartmann and my teacher Möllenbrock...

51 Guesthouse "New York" near Quakenbrück, Stadtmuseum Quakenbrück

Am nächsten Morgen beim Tagesgrauen begann unsere Abreise. Die Fahrt ging über Quakenbrück, wo wir beim Gastwirt Biedenharn Frühstück bekamen. Von Quakenbrück ging die Reise nach Cloppenburg, wo wir zu Mittag aßen, dann nach Wildeshausen, wo wir Abendessen erhielten und auf ausgebreitetem Stroh auf der Diele des Hauses mit zahlreichen anderen Emigranten Nachtlager erhielten.

The next morning at dawn we set off. The journey went via Quakenbrück, where we had breakfast at the innkeeper Biedenharn. From Quakenbrück the journey continued to Cloppenburg, where we had lunch, then to Wildeshausen, where we had dinner and camped for the night on spread straw on the hallway of the house with numerous other emigrants

Am nächsten Morgen in aller Frühe, ging es über Delmenhorst nach Bremen, wo wir um die Mittagszeit ankamen und in einem von unserem Agenten, Bernard Schierberg, für uns bestellten Gasthof Unterkommen fanden.[29]

In Bremen blieben wir den Nachmittag und den nächsten Tag bis gegen Abend, während welcher Zeit, wir, d.h. der Großvater, mein Vater und ich, die Sehenswürdigkeiten der Stadt besichtigten. Es war die erste Großstadt, die ich im Leben gesehen habe, denn ich war über Bersenbrück, Alfhausen oder Fürstenau nicht hinausgekommen.

Early the next morning, we went via Delmenhorst to Bremen, where we arrived around noon and found lodging in an inn ordered for us by our agent, Bernard Schierberg.

In Bremen we stayed the afternoon and the next day until evening, during which time we, i.e. the grandfather, my father and I, visited the sights of the city. It was the first big city I had seen in my life, because I had not gone beyond Bersenbrück, Alfhausen or Fürstenau.

52 Bremen Cityhall with the three masted glass ship inside. Wood engraving, illustration, 1853

In Bremen interessierte mich am meisten das Rathaus mit dem gläsernen Dreimasterschiff darinnen und vor demselben der große Roland. Auf Wunsch des Großvaters, der schon öfters in Bremen gewesen war, besuchten wir auch, d.h. der Großvater, Vater und Sohn, den berühmten Ratskeller, den der Dichter Wilhelm Hauff durch seine herrliche Phantasie verewigt hat.

„Hermann", sagte der Großvater zu meinem Vater, "ehe wir aus dem alten Vaterlande scheiden, lasst uns noch einmal eine Flasche Wein im Ratskeller trinken." Wir gingen hin und mein Vater bestellte eine Flasche Rheinwein, die Flasche kostete einen Dukaten. Mir mundete der Wein nicht, ich nippte auch nur am Glase des Vaters, es war der erste Tropfen, den ich an die Lippen brachte, aber der Großvater schnalzte mit der Zunge, der Wein mundete ihm also.

In Bremen I was most interested in the town hall with the three-masted glass ship inside and in front of it the huge Roland. At the request of my grandfather, who had been to Bremen many times before, we also visited, i.e. grandfather, father and son, the famous Ratskeller, which was immortalized by the poet Wilhelm Hauff through his wonderful phantasy.

"Hermann," grandfather said to my father, "before we leave the old Vaterland, let's have a bottle of wine in the Ratskeller." We went there and my father ordered a bottle of Rhine wine, the bottle cost a ducat. I didn't like the wine, I only sipped from my father's glass, it was the first drop I brought to my lips, but my grandfather clicked his tongue, so he enjoyed the wine.

---

[29] von der Wall, Heinz „Außer dem Vaterlande ist auch eine schöne Welt", Kreisheimatbund Bersenbrück, 1989

Am Nachmittag unseres zweiten Tages wurde unsere Bagage an Bord eines sogenannten „Bremer Bock" gebracht und die Mitreisenden lagerten sich auf dem Verdeck desselben in langer Reihe. Es war ja im Sommer und das Wetter angenehm warm. Die Fahrt mit dem Kahn ging nur langsam vonstatten, und als wir gegenüber von Brake kamen, blieben wir sitzen, weil die Ebbe eingetreten war. Erst am andern Morgen fuhren wir weiter, und gegen Mittag kamen wir nach Bremerhaven, wo wir die Nacht über bleiben mussten. Wir erhielten Nachtlager in einer Emigranten-Herberge auf Stroh. Es lagerte zur Zeit eine große Zahl Emigranten dort, die alle auf Fahrgelegenheit warteten.

In the afternoon of our second day, our baggage was brought aboard a so-called "Bremer Bock" and the fellow passengers camped on the deck of the same in a long row. It was, after all, summer and the weather was pleasantly warm. The trip on the barge was slow, and when we came opposite Brake, we remained seated because the tide was out. It was not until the next morning that we continued our journey, and around noon we arrived in Bremerhaven, where we had to stay the night. We were given night lodgings in an emigrant hostel on straw. There was a large number of emigrants staying there at the time, all waiting for a passage.

Unser Schiff war von dem Agenten verakkordiert, und so wurde gleich bei unserer Ankunft am Nachmittag und am nächsten Morgen das Einschiffen der Kisten und Bagage der Passagiere besorgt, und um zwölf Uhr mittags, den 15. August 1846 lichtete die „Hermitage" ihren Anker und steuerte in die Nordsee hinaus. Das Schiff war aus Baltimore, eine Brigg, und die 128 Emigranten füllten mit ihrer Habe das kleine Schiff zum Erdrücken; aber fröhlicher Mut herrschte an Bord; denn es ging ja jetzt nach Amerika.

Our ship was chartered by the agent, and so immediately upon our arrival in the afternoon and the next morning, the embarkation of the passengers' boxes and baggage was arranged, and at twelve o'clock noon, August 15, 1846, the "Hermitage" raised her anchor and sailed out into the North Sea. The ship was from Baltimore, a brigg, and the 128 emigrants filled the small ship with their belongings to crushing; but cheerful spirits prevailed on board; for it was now going to America.

53 The passengers were taken to the sailing ship by steam tenders. London Illustrated News, 1852

Heinrich Lüdelings Reise – Mit Eisenbahn und Dampfschiff nach Amerika

Heinrich Lüdeling's journey – By train and steam ship to America

Im Jahre **1878** unternahm der Großbauer Heinrich Lüdeling aus Norddeutschland eine Reise in die Vereinigten Staaten von Amerika, um dort seine ausgewanderte Schwester und Schwager und weitere Auswanderer aus seiner Heimat zu besuchen. Der verwitwete Bauer überließ seine heranwachsenden Kinder dem Dienstpersonal und leistete sich den Luxus einer großen, weiten Reise. Er reiste mit der Eisenbahn von seinem Heimatort Vehs bei Quakenbrück über Oldenburg, Bremen nach Bremerhaven und bestieg dort den Schraubendampfer „Mosel". Das Schiff war voll von Auswanderern, die im Zwischendeck untergebracht waren und brauchte 12 Tage, um dann im Hafen von New York anzulegen. Heinrich Lüdeling blieb zehn Wochen in den Vereinigten Staaten. Nach seiner Rückkehr verfasste er einen Reisebericht, der bis 1985 in seiner Familie blieb. Der Heimatforscher Herbert Schuckmann aus Badbergen übertrug ihn in die heutige Schrift und veröffentlichte ihn in einer kleinen Broschüre.[30]

*In **1878**, Heinrich Lüdeling, a wealthy farm owner from Northern Germany, traveled to the United States to visit his emigrant sister and brother-in-law and other emigrants from his homeland. The widowed farmer left his adolescent children to the servants and afforded himself the luxury of a long trip. He traveled by rail from his home village of Vehs near Quakenbrück via Oldenburg, Bremen to Bremerhaven and boarded the screw steamer "Mosel" there. The ship was full of emigrants who were accommodated in steerage and took twelve days until it reached the docks in the port of New York. Heinrich Lüdeling stayed in the United States for ten weeks. Upon his return, he wrote a travelogue that remained in his family until 1985. The local historian Herbert Schuckmann from Badbergen transcribed it into today's writing and published it with another story in a small brochure.*

Aufbruch

Departure

Es war am 10. Mai 1878, morgens 11 Uhr, als ich von meinen Kindern und Heim Abschied nahm und die Reise antrat. In Quakenbrück angekommen, hatte ich noch etwas in meinen häuslichen Angelegenheiten zu ordnen und fuhr erst um 4 ½ Uhr nachmittags in Begleitung von Frau Henke, welche mit ihren vier Kindern aus New York hier zum Besuch gewesen, nach Bremen ab, woselbst wir erst, nachdem wir uns eine Stunde in Oldenburg aufhielten, um 9 Uhr abends ankamen.

It was on May 10, 1878, at 11 o'clock in the morning, when I said farewell to my children and home and started my journey. Arriving in Quakenbrück, I still had something to arrange in my domestic affairs and only left for Bremen at 4 ½ o'clock in the afternoon in the company of Mrs. Henke, who had been here for a visit with her four children from New York. We arrived at 9 o'clock in the evening, after having spent an hour in Oldenburg.

[30] Schuckmann, Herbert, Artland-Amerika-Asien, Reiseberichte aus dem 19. Jahrhundert, Quakenbrück 1985

Andern Tags verbrachten wir die Zeit in Bremen noch mit etwas Einkäufe machen, besahen uns die ankommenden Passagiere, welche mit uns die Reise über den Ozean machen wollten.

Auf nach Bremerhaven

Sonntag, den 12. morgens um 9 Uhr fuhr ein Extrazug mit uns Auswanderer nach Bremerhaven ab. Es wurde, dort angekommen, keiner aus der Abfertigungshalle gelassen, bevor wir an Bord eines kleinen Dampfers kamen …, welcher nun die Passagiere, sechshundert an der Zahl, nach dem Seedampfer Mosel zu spedieren hatte.

Letzterer war, weil zur Zeit Ebbe, wo die großen Schiffe dort nicht ein noch auslaufen können, zur Flutzeit bis an die Wesermündung gesteuert worden.

Wenn schon in Bremerhaven beim Betreten des Zubringerschiffes sich ein Gewühl entspann, so war es noch keine Idee von dem, beim Betreten oder eigentlich Besteigen der Mosel, die uns erst wie ein Seeungeheuer erschien, gegen unsern überbringenden Dampfer. Nachdem wir von der Schiffskapelle durch schöne Hörner Töne bewillkommnet, legte sich unser Dampfer hart an der Seite der Mosel an, von welchen eine Treppe herunter gelassen bis aufs Deck des kleinen Dampfers, wo denn unten an der Treppe sich einige handfeste Matrosen aufstellten, um Ordnung zu halten.

The next day we spent the time in Bremen doing some shopping, looking at the arriving passengers who were going to make the trip across the ocean with us.

Off to Bremerhaven

Sunday, the 12th in the morning at 9 o'clock a special train departed with us emigrants to Bremerhaven. Once there, no one was allowed out of the terminal before we boarded a small steamer ... which now had to ferry (bring) the passengers, six hundred in number, to the ocean steamer Mosel.

The latter had been steered to the mouth of the Weser at high tide, because at low tide the large ships cannot enter or leave there.

When boarding the tender in Bremerhaven a bustle arose, it was still no idea of the tormoil that began while boarding the Mosel, which seemed to us like a sea monster at first, compared to our tender boat. After we were welcomed by the ship's music band with beautiful horns, our tender docked hard on the side of the Moselle, from which a staircase descended to the deck of the small steamer, where at the bottom of the staircase some sturdy sailors lined up to keep order.

54 Emigrants reaching the port of Bremerhaven by train, illustration 1871, by Norddeutscher Lloyd

Einschiffung

Unterdessen war ein Wogen und Drängen, hauptsächlich um Aufsuchen einer Schlafstätte, dass es wirklich nicht zum Aushalten war. Von Seiten der Schiffsmannschaft wurde bei der Einschiffung im Zwischendeck keine Ordnung gehalten, noch Anweisung gegeben. Ein Jeder hatte für sich selbst zu sorgen, wo es sich dann auch selbstverständlich zutrug, dass die am meisten mit Grobheit begabten am glimpflichsten und besten untergebracht wurden.

Wie nun sämtliche Passagiere an Bord waren, wurden auch die Sachen, als Koffer und Kisten, an Bord geschafft und herunter gelassen, welche dann Jeder im Zwischendeck angekommen, selbst zu empfangen und aufzustellen hatte.

Als nun sämtliche Koffer und Kisten an Bord waren, kamen endlich unsere Strohsäcke, oder eigentlich Unterbett mit Kissen- welche von den Passagieren meistenteils in Bremen selbst gekauft und mit den Namen des Eigentümers versehen waren, oben aufs Verdeck angeflogen.

Ich hatte in dieser Affaire wirklich Mühe… aber es war mir aber zum Glück ein junger Mann, gebürtig aus Leer, dabei behilflich, so dass wir jedes Stück richtig erhielten und nun unsere Betten oder Lager einrichten konnten, welches bestand, aus einem sogenannten Strohsack mit Kissen und oder vielleicht wollenen Decken. Die Schlafstellen waren in zwei Lagen übereinander und 3 Fuß breit und hoch und an einigen Stellen 8 bis 10 Stück nebeneinander. Die Scheidewand war nur durch ein Brett von vielleicht einen Fuß Höhe hergestellt.

Vom Zwischendeck in die Kajüte

Ich begab mich nun aufs Verdeck, um mal Umschau zu halten und erfuhr, dass wir uns schon in der Nordsee befanden, welches einen jeden, möchte ich fast sagen, ein eigentümliches Gefühl hervor rief und aus den Gesichtern deutlich wahrnehmen konnte.
Der letzte Sonnenstrahl war unterdessen fast verloschen und um nun den Abendimbiss zu empfangen, das heißt für Zwischendeckpassagiere, wurde geläutet. Es gab Tee mit Weißbrot. Wer selbst Butter mitgenommen, konnte welche essen. Selbstverständlich fehlte auch Milch und Zucker. Ich hatte alles, die Milch mit Zucker eingemacht und konnte es mir daher auch einigermaßen schmackhaft machen.

Embarkation

In the meantime, there was such a hustle and bustle, mainly to find a place to sleep, that it was really unbearable.
On the part of the ship's crew, no order was kept in the steerage during embarkation, nor were any instructions given. Everybody had to take care of himself, and it was natural that the most rude ones were accommodated in the best and smoothest way.

As soon as all the passengers were on board, their belongings, in form of trunks and boxes, were brought on board and lowered, which everyone then had to receive and set up in the steerage.

When all the trunks and boxes were on board, our straw sacks, or actually underbeds with pillows - most of which had been bought by the passengers themselves in Bremen and marked with the owner's name - finally came flying to the top of the canopy.

I really had trouble in this affair... but fortunately a young man, a native of Leer, was helpful, so that we received each piece correctly and could now set up our beds, which consisted of a so-called straw sack with pillows and- or perhaps woolen blankets. The sleeping places were in two layers on top of each other and 3 feet wide and high and in some places 8 to 10 sleeping places side by side. The partition was made only by a board perhaps a foot high.

From steerage to cabin

I went to the deck to have a look around and learned that we were now already in the North Sea, which gave everyone, I would almost say, a strange feeling and could be clearly seen from the faces.
In the meantime, the last ray of sunlight had almost gone out and the bell was rung to receive the evening snack, that is, for the steerage passengers. There was tea with white bread. Those who brought their own butter could eat some. Of course, milk and sugar were also missing. I had everything, the milk with sugar preserved and could therefore also make it reasonably tasteful to me.

Nun hatte ich nichts Eiligeres zu tun, da es mir im Zwischendeck durchaus nicht behagte, als private Person von irgendeinem der Schiffsbediensteten, welche eigens ein Wohnzimmer haben, ein solches zu mieten. Der mehrfach genannte Ostfriese schloss sich mir an mit noch drei anderen dazu. Also, wir mit fünf Mann mieteten uns ein Zimmer vom Koch und Bäcker, welche es gemeinschaftlich bewohnten, bezahlten dafür jeder 30 Mark, also in summa 150 Mark. In dem Zimmer befanden sich sechs Schaftstellen oder Kojen, ein Essschrank, Tisch und Sitzbank. Da es mitten im Schiffsraum sich befand, fiel von oben, vom Deck aus, Licht herein, welches sehr angenehm war, da man noch immer bei stürmischen Wetter das Fenster auf haben konnte, um sich frische Luft darin zu verschaffen. Wenn auch mal mitunter etwas Wasser einschlug, schadete nicht. Unsere Aufwartung hatten wir vom Koch und erhielten deshalb die Kost besser als sonst Zwischendecks Passagiere bekommen.

Zwischenstopp in Southhampton

Die Witterung war, so lange wir uns in der Nordsee befanden, immer gut und wir kamen, nachdem wir einige schöne Plätze am englischen Canal passiert hatten, am 14. Mai morgens um 11 Uhr in Southampton an, wo wir mit voller Musik, ausgeführt von unserer sechs Mann starken Schiffskapelle, einliefen. Unser Dampfer legte grade gegen einen amerikanischen Dampfer an, welcher von dort nach China bestimmt war, und dessen Besatzung aus lauter Schwarzen bestand, welcher Anblick ein eigentümliches Gefühl auf uns grünen Deutschen hervorrief. Sobald unser Schiff nun Anker geworfen, waren auch schon mehrere Spekulanten, mit allerlei Schnoerpfeifereien zu verkaufen, an Bord, welche dabei ein gutes Geschäft machten. Vom Capitain wurde den Passagieren bis abends 7 Uhr in die Stadt zu gehen, Erlaubnis erteilt.

Meine Wenigkeit, Heinrich Osterloh aus Leer und Böttcher aus Bielefeld besahen uns in Gesellschaft die Stadt, machten noch etwas Einkäufe und ich gab noch einen Brief an meine Kinder auf die Post. Die Stadt bietet an und für sich nicht viel Sehenswertes, hat aber eine sehr günstige Lage für Schifffahrt, liegt unmittelbar am englischen Canal, so dass doch ein bedeutender Verkehr und Handel betrieben wird. Nachdem wir nun alles besorgt und unsere Neugier befriedigt, begaben wir uns wieder an Bord des Schiffes, wo alles munter und vergnügt aus der Stadt zurückkehrend sich wieder zusammen fand.

Now I had nothing more urgent to do, since I was not at all comfortable in steerage, than to privately rent a cabin from one of the ship's crew, who had their own cabin. The repeatedly mentioned East Frisian joined me with three others. So, we five men rented a room from the cook and baker, who occupied it jointly, paying 30 marks each, so in sum 150 marks. In the cabin there were six berths or bunks, a dining cabinet, a table and a bench. Since it was located in the middle of the ship's hold, light fell in from above from the deck, which was very pleasant, since one could still have the window open in stormy weather to get fresh air in it. Even if sometimes a little water came down, it did no harm. We had our service from the cook and therefore received the food better than usual steerage passengers

Stopover in Southhampton

The weather was always good as long as we were in the North Sea, and after passing some beautiful places on the English Canal, we arrived in Southampton on May 14 at 11 o'clock in the morning, where we docked with full music performed by our six-man ship's band. Our steamer just docked against an American steamer, which was destined from there to China, and whose crew consisted entirely of blacks, which sight evoked a peculiar feeling on us green Germans. As soon as our ship dropped anchor, several speculators, with all kinds of knick knacks for sale, were already on board, making a good business. The captain gave the passengers permission to go into town until 7 o'clock in the evening.

Myself, Heinrich Osterloh from Leer and Böttcher from Bielefeld visited the city in company, did some shopping, and I posted a letter to my children. The city itself does not offer much worth seeing, but has a very favorable location for shipping, lies directly on the English Canal, so that nevertheless a significant traffic and trade is operated. After we had taken care of everything and settled our curiosity, we boarded the ship again, where everyone got back together again, cheerful and happy to return from the city.

Auf See   *At sea*

Die Anker wurden aber nicht um 7 abends, sondern erst um 10 Uhr abends gelichtet. Inzwischen war auch der Wind ziemlich aufgeklärt, so dass das Schiff, sobald wir ins offene Wasser kamen, ziemlich stark zu schaukeln anfing.

Der entgegengesetzte Sturmwind hielt vier Tage und vier Nächte an, so dass mitunter alles ein übers andere schlug. Ich fiel und flog vielmehr auch mal in unserem Zimmer von einer Ecke in die andere, so dass ich wirklich Mühe hatte, wieder hoch zu kommen. Auf dem Verdeck war alles still. Auch die Musiker, welche sonst jeden Morgen Unterhaltungs Musik machten, ließen sich nicht hören und es war so ziemlich ein jeder von der Seekrankheit befallen.

Leider hatten wir auch den Verlust eines Menschenlebens zu beklagen, ein junges Mädchen, Böhmin, von 18 Jahren. Die Leiche wurde, bekleidet mit einem starken hölzernen Kasten nachts, ohne alle Zeremonie, ins Meer gesenkt.

Nach dem vier-tägigen Sturm bekamen wir gutes Wetter. Es war gerade Sonntagmorgen, als der Wind zu heulen aufhörte, worauf alles wieder als von Neuem zu leben anfing. Die Musik intonierte Sonntag morgens im Zwischendeck sowohl als in den Cajüten zum Lobe des Hern den Chroal „Nun danket alle Gott", worauf nicht zu verwundern, wenn man sich die Gegenwart dachte inmitten des großen Weltmeeres, dass dann das Herz etwas gerührt wurde.

However, the anchors were not lifted at 7 in the evening, but only at 10 in the evening. In the meantime, the wind had also cleared up, so that as soon as we got into open water, the ship began to rock quite a bit.

The opposing storm wind lasted for four days and four nights, so that at times everything hit over each other. I fell and rather flew in our room from one corner into the other, so that I had really trouble to come up again. On deck everything was quiet. Even the musicians, who usually made entertainment music every morning, could not be heard and pretty much everyone was stricken with seasickness.

Unfortunately, we also had to mourn the loss of a human life, a young girl, Bohemian, of 18 years. The body, dressed in a strong wooden box, was lowered into the sea at night, without any ceremony.

After the four-day storm we got good weather. It was just Sunday morning when the wind stopped howling, after which everything started to live again as if from a new beginning. The music intoned Sunday morning in steerage as well as in the cabins to the praise of the Lord the chorale "Now give thanks to God", whereupon, if one thought of the presence in the midst of the large world ocean, that then the heart was moved somehow.

55 Steamsailer " Mosel" , picture by Norddeutscher Lloyd

Im Hafen von New York

Am 14. Tage unserer Seefahrt, morgens bei Sonnenaufgang, bekamen wir mehrere kleine Schiffe in Sicht. Auf Befragen wurde uns mitgeteilt, dass es amerikanische Fischerboote wären und wir uns nicht weit mehr von der amerikanischen Küste befänden, welches bei mir – und ich glaube bei jedem - ein merkwürdig gespanntes Gefühl hervorrief. Um 11 Uhr morgens kam ein Lotse an Bord unseres Dampfers. Es mochte etwa zwischen 12 bis 1 Uhr mittags sein, als wir zuerst die Küste wahrnahmen, und desto näher wird kamen, desto romantischer wurde es auch in der Wirklichkeit. Von dem Anblick wurde man förmlich entzückt. Das fremdartige Grün mit den schönen prachtvollen Anlagen brachte einen vollends zum Entzücken.

Die Passagiere liefen immerzu von einer Seite des Schiffes zu andern, um sich nichts von den Schönheiten entgehen zu lassen, bis zuletzt die Stadt New York , so ganz im Hintergrunde, wie aus dem Wasser gebaut, vor unseren Augen aufstieg und je näher man kam, umso imposanter wurde alles vor unseren Augen durch die wundervolle Ansicht der Prachtbauten und Schiffe. Endlich, um 6 Uhr nachmittags, nachdem sämtliche Passagiere von einem amerikanischen Arzt aus Gesundheits- Rücksichten untersucht, oder nur eigentlich angesehen, indem sie Mann für Mann an denselben vorbei zu marschieren hatten, liefen wir ins Dock von Hobocken, New York gegenüber ein, welche die Bremer und Hamburger Schifffahrtsgesellschaften dort eigens angelegt haben.

Im Hafen von *New York*

On the 14th day of our sea voyage, in the morning at sunrise, several small ships came in sight. Upon questioning, we were told that they were American fishing boats and that we were not far from the American coast, which caused me - and I think everyone - a strangely tense feeling. At 11 o'clock in the morning a pilot came on board of our steamer. It might have been between 12 and 1 o'clock noon when we first spotted the coast, and the closer we got, the more romantic it became in reality. We were literally delighted by the sight. The exotic greenery with the beautiful and splendid plants completely delighted us.

The passengers kept running from one side of the ship to the other, so as not to miss any of the beauties, until finally the city of New York, so entirely in the background, as if built out of the water, rose before our eyes, and the closer we came, the more imposing everything was before our eyes by the wonderful view of the magnificent buildings, ships, etc. Finally, at 6 o'clock in the afternoon, after all passengers had been examined by an American doctor for health reasons, or just actually looked at, by having to march past them man by man, we entered the dock of Hobocken, opposite to New York, which the Bremen and Hamburg Steamship Companies have specially built there.

56 Bay and Harbor of New York, former Castle Garden immigration station, Postcard 1895

Johan Gerhard Klümpke – Vom armen Bauersohn zum angesehen Bürger San Franciscos

Johan Gerhard Klümpke - From a poor farmer's son to a respected citizen of San Francisco

Im Jahre 1844 verließ Johan Gerhard Klümpke aus der Bauerschaft Suttrup im Kirchspiel Ankum im Norden Deutschlands seine Heimat und wanderte nach Amerika aus. Seine Lebensgeschichte beginnt in der Generation seiner Großeltern mit einem tragischen Feuer.

In 1844 Johann Gerhard Klümpke left his home in the village of Suttrup in the parish of Ankum in Northern Germany and emigrated to America. His lifetime story begins in the generation of his grandparents with a tragic fire.

Ein tragisches Feuer

Hölskenball - das war ein fröhliches Fest auf dem Hof Eilermann in Suttrup im Jahre 1804, das jäh zu Ende ging. Die jungen Leute tanzten ausgelassen und klapperten laut mit ihren Holzschuhen, als jemand auf einmal einen hellen, flackernden Schein am Himmel gewahrte. Schreie wurden laut: „ Et brennt! Bi Klümpken brennt et." Die Leute, die hinüberschauten, sahen die junge Bäuerin aus dem brennenden Hofgebäude stürzen. Ihr kleines, zwölf Wochen altes Kind fest im Arm. Sie rannte über den Hof, strauchelte und fiel kopfüber in den Graben. Aus dem lichterloh brennenden Haus kamen verzweifelte Schreie. Der junge Bauer lag festgeklemmt unter einem herabgestürzten, glühenden Balken. Starke Nachbarn konnten ihn hervorziehen und brachten ihn in Sicherheit. Die junge Bäuerin, Maria Klümpke, erst 26 Jahre alt, starb noch in derselben Nacht. Die kleine Maria Adelheid, ihr erstes und einziges Kind blieb unversehrt. Ihr Ehemann, der Bauer Heinrich Klümpke war schwer verletzt, aber er überlebte.[31] Er litt noch jahrelang unter den schweren Brandverletzungen und war untröstlich über den Verlust seiner Frau. Der Hof war bis auf die Grundmauern niedergebrannt und musste neu errichtet werden. Das brachte den Bauern in Schulden, die er in seinem Leben nicht mehr abarbeiten konnte. Eine zweite Ehe ging er nicht mehr ein. Seine einzige Tochter Maria Adelheid wuchs heran. Im Alter von 20 Jahren heiratete sie Heinrich, den Sohn des benachbarten Hofes Hallermann in Suttrup. Dieser nahm den Hofnamen an, wie es in der Gegend üblich war.

A tragic fire

Hölskenball - that was a merry party at the Eilermann farm in Suttrup in 1804, which came to an abrupt end. The young people were dancing exuberantly and clattering loudly with their wooden shoes when someone suddenly noticed a bright, flickering glow in the sky. Shouts became loud: "Et brennt! Bi Klümpken brennt et." The people who looked over, saw the young farmer's wife rushing out of the burning farm building. Her small, twelve-week-old child held tightly in her arms. She ran across the yard, stumbled, and fell headlong into the ditch. Desperate cries came from the blazing house. The young farmer lay trapped under a fallen, flickering bar. Strong neighbors were able to pull him out and brought him to safety. The young farmer's wife, Maria Klümpke was only 26 years old and died the same night. Little Maria Adelheid, her first and only child, remained unharmed.

Her husband, the farmer Heinrich Klümpke, was seriously injured, but he survived. He suffered from severe burn injuries for years to come and was inconsolable over the loss of his wife. The farm had burned to the ground and had to be rebuilt. This left the farmer in debts that he could not work off in his lifetime. He did not enter into a second marriage. His only daughter Maria Adelheid grew up.

At the age of 20, she married Heinrich, the son of the neighboring Hallermann farm in Suttrup. Heinrich took on the farm's name, as was customary in the area.

---

[31] Havermann, Minni, Wat use Husbalken mi vertellde, in: Heimat aus Kindermund, 1956

Im November 1824 kam als erstes von acht Kindern Johan Gerhard zur Welt. Er wurde auf diesem verarmten Hof geboren, doch hatte er ein langes Leben vor sich und starb mit 92 Jahren angesehen und wohlhabend im fernen Amerika.

In November 1824, Johan Gerhard was born, the first of eight children. He was born on this impoverished, indebted farm, but he had a long life ahead of him and died respected and wealthy in faraway America at the age of 92.

57 Hof Klümpke, ca 1930, private

Kindheit und Jugend

Zunächst noch lag eine große Schuldenlast auf dem Hof. Es waren schwere Zeiten mit Jahren von Missernten und Hungersnöten, die schon die Höfe ohne eine Brandkatastrophe in Bedrängnis brachten. Im Dezember des Jahres 1828 erschien in den „ Osnabrückschen Anzeigen" die Meldung, dass der Hof Klümpke in Nortrup-Suttrup in „Concurs gegangen und zahlungsunfähig" war[32].

So wuchs Gerhard Klümpke in wirtschaftlicher Not auf und wurde schon früh zu harten landwirtschaftlichen Arbeiten herangezogen. Im Winter konnte er die nahegelegene kleine Schule von Druchhorn besuchen, im Sommer dagegen ging die Arbeit auf Hof und Feld vor, so wie es bei den Kindern der Heuerleute auch der Fall war. Gerhard lernte gern, aber den Besuch einer höheren Schule, wie es viele Bauern ihren Söhnen ermöglichten, konnten seine Eltern nicht bezahlen. Mit 14 Jahren war die Schulzeit für den Jungen vorbei.

Childhood and youth

But at first there was still a great burden of debt on the farm. These were hard times with years of bad harvests and famines, which had even brought farms in distress that had not experienced a fire catastrophe. In December 1828, the "Osnabrücksche Anzeigen" published the news that the Klümpke farm in Nortrup-Suttrup had gone into "bankruptcy and was insolvent".

Thus, Gerhard Klümpke grew up in economic hardship and was forced to do hard agricultural work at an early age. In winter, he could attend the nearby small school of Druchhorn. In the summer, however, work on the farm and in the fields took precedence, as was the case with the children of the (Heuerleute) servant farmers. Gerhard liked to study, but his parents could not afford a higher school education, as many other farmers made possible for their sons. At the age of 14, the boy's school days were over.

---

[32] Osnabrückische Anzeigen, 17.12.1828

Es ist anzunehmen, dass er nun in die Lehre bei einem Holzschuhmacher ging, daneben half er kräftig in der elterlichen Landwirtschaft mit wie auch seine drei Schwestern und zwei Brüder. Zwei kleine Mädchen waren in den letzten Jahren noch dazugekommen. So erholte sich der Hof langsam von seiner Schuldenlast.

It can be assumed that he was apprenticed to a wooden shoe maker, and that he helped on the family farm, as did his three sisters and two brothers. Two little girls had joined them in the last years. Thus, the farm slowly recovered from its debt burden.

Werbung für Amerika

Advertising for America

Die Wochentage waren ausgefüllt mit schwerer Arbeit. Nur sonntags ging die Familie zu Fuß den etwa acht Meilen weiten Weg zum Gottesdienst nach Ankum. Nach der Messe kehrten die Männer im Wirtshaus ein. Die Frauen gingen derweil zum Kaufmann oder erhielten in einem von den Männern getrennten Gasthausraum ein Schälchen Kaffee und Zwieback

The weekdays were filled with hard work. Only on Sundays did the family walk the five miles to church in Ankum. After mass, the men met at the inn, which for the Klümpkes was most certainly the Hardebeck inn. Meanwhile, the women went to the merchant or received a cup of coffee and Beschüte (sugar biscuits) separately from the men in a room of the inn.

An einem dieser Sonntage tauchten hier die ersten Werbeplakate und Handzettel auf, die „bequeme und zuverlässige" Schiffspassagen nach Amerika anboten. Es wurden Briefe herumgereicht und vorgelesen, von Menschen, die diese unglaublich weite und gefährliche Reise gewagt und sich in der neuen Welt ein besseres Leben aufgebaut hatten. Aus dem Kirchspiel Ankum waren seit 1832 die ersten acht Männer und dann ganze Familien ausgewandert.
Aus Bremen hatten die Schiffseigner ihre Agenten ausgesandt, die in Dörfern wie Ankum für eine Überfahrt auf ihren Seglern warben. In letzter Zeit waren sie dazu übergegangen, Unteragenten zu bestellen. Das waren meistens Kaufleute vor Ort oder die Wirte der Gasthäuser selber, die begannen, die Reisen zu organisieren, die Schiffskarten zu vermitteln, die Ausweispapiere zu besorgen und die Anreise zum Hafen durchzuführen. In Ankum waren das der Gastwirt Heinrich Crone , der Kaufmann Heinrich Wehberg und der Manufakturwarenhändler Bernard Schlarmann.

From the parish of Ankum, people had emigrated since 1832. At first eight men and then whole families. From Bremen, the ship owners had sent out their agents, who advertised in villages like Ankum for a passage on their sailing ships.
Lately, they had taken to appointing sub-agents. These were usually local merchants or the innkeepers of the inns themselves, who began to organize the voyages, arrange the ship tickets, get the identification papers, and prepare the journey to the port.

In Ankum, these were the innkeeper Heinrich Crone, the merchant Heinrich Wehberg and the manufactory trader Bernard Schlarmann.

On one of these Sundays, first posters and leaflets appeared here, advertising a "convenient and reliable" ship passage to America. Letters were passed around and read aloud, written by people who had dared this incredibly long and dangerous journey and had built a better life for themselves in the New World.

58 Advertisment of an emigration office in Bremerhaven, 1867

Der Entschluss

Gerhard begann zu überlegen. Als ältester Sohn war er nicht erbberechtigt, denn es galt das Recht des Jüngsten und so würde sein Bruder Hermann den Hof einmal übernehmen. Als Schuster durfte er sich nach den Landesgesetzen jener Zeit nicht selbständig machen. Die eingesessenen Handwerker erlaubten keine Konkurrenz und setzten nur die eigenen Söhne oder Schwiegersöhne als Nachfolger ein. Er könnte auf Wanderschaft als Schustergeselle gehen, aber wenn er zurückkäme, hätte er keine Möglichkeit, eine eigene Werkstatt aufzubauen. Er konnte auch nicht heiraten und eine Familie gründen, denn er hatte kein eigenes Einkommen, es sei denn er würde sich auf eine Heuerstelle bewerben. Auch als unverheirateter Onkel auf dem Hof seines Bruders wollte er nicht enden.

Am schwersten wog jedoch die Furcht vor einer Einberufung zum Militär, die jetzt zu seinem 20. Geburtstag bevorstand. Das Königreich Hannover zog junge Männer zwischen dem 20. und 27. Lebensjahr für bis zu fünf Jahren zum Militärdienst ein. Ein Freikauf war möglich, aber teuer und kam für Gerhard nicht in Frage. So führten diese Überlegungen dazu, dass Johann Gerhard Klümpke sich im Jahre 1844 entschloss, die Heimat zu verlassen und in Amerika sein Glück zu versuchen.

Aufbruch und Flucht vor dem Militär

Als Gerhard sein Vorhaben mit den Eltern besprach, gaben diese schweren Herzens ihren Segen und konnten ihm einen kleinen Teil seines zustehenden Erbes ausbezahlen, so dass es für die Passage und ein geringes Handgeld reichen würde. Gerhard schnürte sein Bündel und machte sich eines frühen Morgens zu Fuß auf den Weg nach Bremen. Er umarmte seine Schwestern Liesbeth (18), Gertrud (16) und Maria (13), die Brüder Heinrich (10) und Hermann (8) und die kleinen Mädchen Anna (4) und Dina(2) und nahm tiefbewegt Abschied von seinen lieben Eltern. Würden sie sich jemals wiedersehen?

Gerhard ging leise in die Dunkelheit hinaus. Niemand, weder die Nachbarn, Verwandten oder die Freunde seiner Kindheit sollten seinen Aufbruch mitbekommen. Er wollte sie vor der Polizei nicht in Verlegenheit bringen. Nun musste er nur unbemerkt bis zur Landesgrenze kommen. Das war nicht weit, denn schon bei Essen hinter Quakenbrück bildete der kleine Fluss Hase die Grenze zum Herzogtum Oldenburg.

The decision

Gerhard began to think. As the eldest son, he was not entitled to inherit the farm, because the right of the youngest would be applied and so his brother Hermann would take over the farm one day. As a shoemaker, he was not allowed to start his own business according to the laws of the land at that time. The established craftsmen did not allow any competition and only appointed their own sons or sons-in-law as successors. He could go on the road as a journeyman shoemaker, but when he returned, there would be no way of setting up his own workshop. He also could not marry and raise a family because he had no income of his own unless he applied for a servant farmer's job. Nor did he want to end up as an unmarried uncle on his brother's farm.

The heaviest weight, however, was the fear of being drafted into the military, which was now imminent on his 20th birthday. The Kingdom of Hanover drafted young men between the ages of 20 and 27 for up to five years of military service. A ransom was possible, but expensive and out of the question for Gerhard. So these considerations led Johann Gerhard Klümpke to decide in 1844 to leave home and try his luck in America.

Departure and escape from the military

When Gerhard discussed his plan with his parents, they gave their blessings with a heavy heart and were able to pay him a small portion of his due inheritance, so that it would be enough for the passage and a small amount of spending money. Gerhard tied up his bundle and set out on foot early one morning for Bremen. He hugged his teenage sisters Liesbeth (18), Gertrud (16) and Maria (13), brothers Heinrich (10) and Hermann (8) and the little girls Anna (4) and Dina (2) and said an emotional goodbye to his dear parents. Would they ever see each other again?

Gerhard went quietly out into the darkness. No one, neither the neighbors, relatives nor his childhood friends, were to witness his departure. He didn't want to embarrass them in front of the police. Now all he had to do was get to the state border unnoticed.

That was not far, because already at Essen behind Quakenbrück the small river Hase formed the border to the Duchy of Oldenburg.

Sobald er das Königreich Hannover verlassen hatte, war er sicher vor den Polizisten seines Landes, die ihn zum Militärdienst zwingen wollten. Bald schon würden sie ihn suchen und sein Name würde in den Fahndungslisten der Zeitungen erscheinen. Auch auf dem schwarzen Brett am Franzosenhäuschen vor der Kirche in Ankum würde er als Militärflüchtiger für lange Zeit verzeichnet sein.

As soon as he had left the Kingdom of Hanover, he was safe from the policemen of his country who wanted to force him into military service. Soon, they would be looking for him and his name would appear in the newspapers' wanted lists. He would also be listed as a military fugitive for a long time on the bulletin board in front of the church in Ankum.

In Bremen

In Bremen

Nach zwei Tagen Fußmarsch, nachts hatte er auf einem Strohlager in einer Scheune übernachtet, gelangte er in die Freie Hansestadt Bremen.

Es war nicht schwer, einen Schiffsmakler zu finden, der ihm eine Passage verkaufen konnte. Zum Schutz der Auswanderer hatte der Bremer Senat überall in der Stadt Plakate aufgehängt, auf denen die Ankommenden vor Betrügern gewarnt wurden und städtische Auskunftsstellen benannt, die in allen Belangen weiterhelfen würden.

So erwarb Gerhard Klümpke ein Schiffsticket nach New Orleans für den festgelegten Preis von 35 Thalern, das die Anreise zum Schiff nach Bremerhaven, die Unterbringung während der Wartezeit und eine gute und ausreichende Versorgung auf dem Segler garantierte. Mit diesen Verordnungen, die die auswanderungswilligen, unbedarften Menschen vor Ausbeutern und Betrügern weitgehend schützte, war Bremen mit dem etwa 70 km flussabwärts gelegenem Bremerhaven im Vergleich zu Rotterdam, Le Havre oder auch Hamburg zu einem führenden europäischen Auswandererhafen geworden.

59 Friedrich Loos, Marketplace 1853, Focke Museum

After two days of walking, he had spent the night on a straw bed in a barn, he arrived in the Free Hanseatic City of Bremen. It was not difficult to find a ship broker who could sell him passage. To protect emigrants, the Bremen Senate had put up posters all over the city warning arrivals against swindlers and naming municipal information offices that would help in all matters.

So Gerhard Klümpke purchased a ship's ticket to New Orleans for the set price of 35 thalers, which guaranteed travel to the ship in Bremerhaven, lodging during the waiting period, as well as good and sufficient food on the sailing ship. With these regulations, the often uneducated people willing to emigrate were largely protected from exploiters and swindlers. These regulations also allowed Bremen and the port town of Bremerhaven, located about 70 km downstream, to establish itself as a leading European emigrant port outpacing Rotterdam, Le Havre and even Hamburg.

Bevor die Einschiffung begann, musste Gerhard noch eine Nacht in Bremen bleiben. Diese nutzte er um die letzten Einkäufe zu machen. Dazu gehörten eine strohgefüllte Matratze und eine Decke ebenso wie Blechbesteck und Essgeschirr, was jeder Passagier mitbringen musste. Obwohl die Reederei eine ausreichende Versorgung auf dem Schiff versprach, kauften die Auswanderer oft noch zusätzliche, haltbare Nahrungsvorräte wie Schinken, Zwieback, Grieben, Schmalz oder Dörrobst. Denn schon oft hatte man davon gehört, dass das Essen knapp wurde, wenn die Überfahrt sich wegen Flaute oder anderer Wetterwidrigkeiten in die Länge zog. Dann hatte Gerhard noch Zeit, sich die Stadt anzusehen. Sie war voll von Menschen aus allen deutschen Ländern und er hörte verschiedene Dialekte, die er kaum verstehen konnte.

Am Marktplatz staunte er über die hohen, steinverzierten Handelshäuser, das reich geschmückte große Rathaus mit der imposanten Figur des Rolands davor und den lebhaften Verkehr von Kutschen, Fuhrwerken, Pferdewagen und Passanten. Sicherlich ging er in den großen Bremer St. Petri Dom und betete um eine gute Schiffsreise, wie es viele Auswanderer taten, bevor sie ihre Heimat verließen und die Reise ins Ungewisse antraten.

Auf nach Bremerhaven

Am nächsten Morgen ging es auf nach Bremerhaven. Gerhard sah zum ersten Mal ein kleines Dampfboot, das mit lautem Getöse vorbei fuhr und schwarzen Rauch aus seinem Schornstein blies. Die Reise mit dieser neuen, für viele furchteinflößenden Technik war allerdings für die meisten Auswanderer zu teuer und auch Gerhard bestieg einen der billigeren Kähne, die flussabwärts nach Bremerhaven segelten oder auch vom Ufer her von starken Ochsen oder Pferden gezogen wurden. Auf dem offenen Deck lagerten etwa fünfzig Menschen. Sie waren vor Regen, Wind und Wetter nur von einer Plane geschützt. Die Fahrt dauerte bis zum nächsten Morgen. In Bremerhaven angekommen, erblickten die Auswanderer Dutzende von Segelschiffen, die im Hafen lagen und auf günstige Wetterbedingungen zum Auslaufen warteten. Das konnte mitunter viele Tage dauern, so dass es allmählich zu einem Problem wurde, die steigende Zahl der Menschen in den Herbergen und Gasthäusern unterzubringen.

Before embarking began, Gerhard had to stay one more night in Bremen. He used this time to make some last purchases. This included a straw-filled mattress and a blanket as well as tin cutlery and eating utensils, which each passenger had to bring with him. Although the shipping company promised sufficient supplies on the ship, the emigrants often bought additional, durable food supplies such as ham, rusks, greaves, lard or dried fruit, because it had often been heard that food became scarce when the crossing was prolonged due to dead calms or other weather conditions.

Then Gerhard had time to look around the city. It was full of people from all German countries and he heard the most diverse dialects, which he could hardly understand.

At the marketplace, he marveled at the tall, stone-ornamented merchant houses, the richly decorated great town hall with the imposing figure of Roland in front of it, and the lively traffic of carriage carts, horse-drawn wagons and passers-by. Surely, he went to the great St. Petri Cathedral and prayed for a good ship's voyage, as many emigrants did before leaving their homeland and setting out on a journey into the unknown

Off to Bremerhaven

The next morning, he was off for Bremerhaven. Gerhard saw a small steamboat for the first time, passing by with a loud roar and blowing black smoke from its chimney. The journey with this new, for many frightening technology, however, was too expensive for most emigrants. So Gerhard also boarded one of the cheaper barges that sailed downriver to Bremerhaven or were pulled from the shore by strong oxen or horses. About fifty people camped on the open deck.

They were protected from rain, wind and weather only by a tarpaulin. The journey lasted until the next morning. Arriving in Bremerhaven, the emigrants saw dozens of sailing ships lying in the harbor, waiting for favorable weather conditions to set sail. This could sometimes take many days, so that it gradually became a problem to accommodate an increasing number of people in the hostels, taverns and on the farms around.

Die Schiffe, die in Bremerhaven vor Anker lagen, hatten ihre Fracht gelöscht. Sie brachten Baumwolle, Reis, Kaffee und Tabak ins Land. Dagegen waren die Ausfuhrwaren nach Amerika eher begrenzt und so kam es den Schiffseignern sehr recht, dass sie die fast leeren Frachträume auf der Hinreise mit zahlenden Auswanderern füllen konnten. Dazu bauten sie Zwischendecks ein, die mit doppelstöckigen Mehrfachbetten und dem Nötigsten eingerichtet worden waren.

The ships, that anchored in Bremerhaven, had unloaded their cargo. They brought cotton, rice, coffee and tobacco into the country. But export goods to America were rather limited, and so it suited the ship owners just fine to fill the almost empty cargo holds on the outward voyage with paying emigrants. For this purpose, they built tween decks that were furnished with double-decker wooden beds and only bare necessities.

60 Justus Fedeler, Brigg Johann, 1848, Focke Museum, Bremen

Die Überfahrt

Gerhard Klümpke ging im Spätsommer 1844 mit etwa hundertfünfzig anderen Auswanderern an Bord eines hölzernen Segelschiffes, stieg hinunter ins dunkle Zwischendeck und belegte mit zwei anderen, noch fremden Landsleuten eine der übereinandergestellten Kojen. Es war eng und niedrig und roch nach den vorher geladenen Gütern. Die Atlantiküberquerung, die jetzt begann, war kein Vergnügen.

Schon bald wurden die meisten Passagiere von der Seekrankheit erfasst. Während der gesamten Reise litten die Menschen unter Gestank, ständigem Lärm und unhygienischen Verhältnissen.

The passage

Gerhard Klümpke boarded a wooden sailing ship in the late summer of 1844 with about a hundred and fifty other emigrants, climbed down into the dark steerage, and occupied one of the stacked bunks with two other compatriots who were still strangers. It was cramped and low and smelled of the goods that had been previously stored here. The Atlantic crossing, which now began, was no pleasure.

Soon most of the passengers were plagued by seasickness. Throughout the voyage, people suffered from stench, constant noise and unsanitary conditions.

Nach oben aufs Deck durften sie nur zu bestimmten Zeiten. Manchmal brachen Krankheiten an Bord aus und fast auf jeder Fahrt starben kleine Kinder oder schwache Leute, die ohne große Zeremonie dem Meer übergeben wurden. So war es für alle nach zwölf bis sechzehn endlosen Wochen ein großes Glück, als wieder Land in Sicht war, das Schiff an Kuba und Santo Domingo vorbeisegelte und schließlich sicher im Hafen von New Orleans anlegten.

New Orleans

Die meisten Auswanderer blieben nur wenige Tage in New Orleans und fuhren dann mit einem Schaufeldampfer den Mississippi aufwärts bis nach St Louis, um von hier aus in die neu gegründeten Siedlerorte von Indiana, Illinois, Missouri oder Ohio weiterzureisen, wo oft schon vorausgefahrene Familienmitglieder auf sie warteten.

Gerhard Klümpke blieb die nächsten fünf Jahre in New Orleans. Eine Arbeit zu finden war in dieser boomenden, aufstrebenden Stadt nicht schwer. Als er sich eingerichtet und die ersten Dollars verdient hatte, verbrachte er seine freie Zeit damit, endlich zu lernen und sich weiterzubilden. Seine Tochter Augusta schreibt später über ihn: „ Er besuchte das College und folgte professionellen Kursen, wie es damals in den Kolonien üblich war. Er war intelligent, strebsam, gesund und konnte hart arbeiten."[33]

Fünf Jahre lang lebte Gerhard in New Orleans, dann fasste er ein zweites Mal einen Entschluss, der sein Leben veränderte. Er hörte von sagenhaften Goldfunden an den Ufern der wilden Flüsse in Kalifornien weit entfernt im Westen.

Er ließ sich vom allgemeinen Goldrausch des Landes mitreißen. Das Land im Westen war noch nicht erschlossen und ein Treck durch die Wüsten und Prärien zu gefährlich. Deshalb schiffte er sich mit anderen abenteuerlustigen Gesellen in New Orleans ein, umfuhr das Kap Horn an der Spitze Südamerikas und kam nach langen Monaten auf See 1849 in der Bucht von San Francisco an.

They were allowed up on deck only at certain times. Sometimes, diseases broke out on board and on almost every voyage small children or weak people died and were abandoned to the sea without much ceremony. So it was great happiness for everyone when after twelve to sixteen endless weeks, land was finally in sight again. The ship sailed past Cuba and Santo Domingo, and finally docked safely in the port of New Orleans.

New Orleans

Most immigrants stayed only for a few days in New Orleans and then sailed up the Mississippi River on a paddle steamer to St Louis, from where they continued on to the newly established settler towns of Indiana, Illinois, Missouri, or Ohio, where family members who had gone ahead, were often waiting for them.

Gerhard Klümpke stayed in New Orleans for the next five years. Finding a job was not difficult in this booming, up-and-coming city. Once he had settled in and earned his first dollars, he spent his free time finally learning and educating himself. His daughter Augusta later wrote of him: "He attended college and followed professional courses, as was the custom in the colonies at that time. He was intelligent, studious, healthy, and could work hard."

Gerhard lived in New Orleans for five years, then made a second decision that changed his life. He heard of fabulous gold discoveries on the banks of the wild rivers in the as yet barely developed state of California far to the west of the continent.

He, too, was soon captivated by the country's general gold rush. The land in the west was not yet developed and a trek through the deserts and prairies was too dangerous. Therefore, he embarked with other adventurous fellows in New Orleans, rounded Cape Horn at the tip of South America, and after several long months at sea arrived in the San Francisco Bay in late 1849.

---

[33] Dèjerine-Klumpke, Augusta , The Klumpke Family-Memories, Departement of Neurology, Lausanne, 2005

San Francisco

San Francisco war einige Jahre vorher eine kleine Missionsstation der Franziskaner gewesen, die auf einer steil aus dem Meer emporsteigenden Sanddüne lag und hatte ein paar hundert Einwohner gezählt. In nur zwei Jahren war ihre Zahl auf zwanzigtausend Menschen angewachsen, die hier lebten und zu den Goldfeldern in die Rocky Mountains strebten. Gerhard Klümpke reiste weiter durch die Berge zum Sacramento- und American River, wo nach Gold geschürft wurde.

Hier herrschten raue Sitten und Neuankömmlingen wurden erst einmal die schon ziemlich ausgebeuteten Gebiete zugewiesen. Gerhard blieb nicht lange und kehrte nach San Francisco zurück. Ihm war bald klar, dass er viel bessere Geschäfte mit dem Ausrüstungsbedarf und den Bedürfnissen der Goldsucher machen könnte als sich in den Goldminen ausnutzen und betrügen zu lassen. Als gelernter Schuster hatte er Kenntnisse, die er nun anwenden konnte, denn die Goldgräber brauchten feste, robuste Stiefel, wenn sie stundenlang im Wasser standen und den Flusssand nach Goldkörnern durchsiebten. Er ließ sich als „bootmaker" in San Francisco nieder, beobachtete aber gleichzeitig die hektische Bautätigkeit in der überfüllten Stadt. Schon bald kaufte er Land und beteiligte sich an den Geschäften mit Grundstücken und Immobilien Er war erfolgreich und häufte innerhalb kurzer Zeit ein beträchtliches Vermögen an.

San Francisco

Just a few years before, San Francisco had been a small Franciscan mission station, situated on a sand dune rising steeply from the sea, and had counted a few hundred inhabitants. In just two years, their numbers had grown to twenty thousand people living here and heading for the gold fields in the Rocky Mountains. Gerhard Klümpke traveled on through the mountains to the Sacramento and American Rivers, where gold was being mined.

Rough customs prevailed here, and newcomers were first assigned to the already fairly exploited areas. Gerhard did not stay long and returned to San Francisco. It soon became clear to him that he could do much better business with the equipment needs and wants of the prospectors than allowing himself to be exploited and cheated in the gold mines. As a skilled cobbler, he had knowledge he could now apply, for the gold miners needed stout, sturdy boots when they stood in the cold water for hours sifting the river sand for grains of gold. He settled in San Francisco as a "bootmaker", but at the same time observed the hectic construction activity in the crowded city. Soon he was buying land and participating in land and real estate deals. He was successful and amassed a considerable fortune within a short amount of time.

61 San Francisco, Postcard 1849

Im Jahr 1853 heiratete er Dorothea Tolle, eine eingewanderte Bäckerstochter aus Göttingen. Sie war mit ihrer Schwester aus New York gekommen, als diese zu ihrem Verlobten, den Büchsenmacher Adolphus Plate nach San Fransciso reiste. Er hatte ein florierendes Geschäft mit Büchsen, Gewehren und Pistolen, die bei den Goldsuchern heiß begehrt waren.

Ohnehin war das Leben in der Stadt äußerst gefährlich geworden, es herrschten Anarchie und Chaos. Sehr oft brachen Feuer aus, die absichtlich gelegt waren, um Konkurrenten auszuschalten oder sich an ihnen zu rächen. Die Stadtverwaltung war korrupt und sah tatenlos zu, bis sich mehrere Bürger zum Committee of Vigiland zusammenschlossen. Sie bildeten eine Bürgerwehr und machten kurzen Prozess mit den zahlreichen Betrügern und Brandstiftern. Gerhard Klümpke war von Anfang an ein aktives und engagiertes Mitglied dieses Vereins und zählte damit später zu den hochgeachteten Pionieren von San Francisco, derer heute noch gedacht wird.

Familie

Das Ehepaar Klümpke bekam zunächst die vier Töchter Anna, Augusta, Dorothea und Mathilde. Inzwischen war Gerhards Schwester Anna Maria aus Suttrup gekommen und machte sich in der kalifornischen Familie ihres Bruders nützlich. Zu Hause waren die Eltern gestorben, ebenso wie die älteste Schwester Liesbeth, die in der Ernte vom Heuboden gestürzt war. Auch die beiden kleinen Schwestern lebten nicht mehr, sie hatten sich an der in der Heimat grassierenden Schwindsucht (Tuberkulose) angesteckt und waren mit 17 und 21 Jahren gestorben.

In San Francisco bereitete die älteste Tochter Anna Sorgen. Sie litt seit einem Sturz unter Knochenmarksentzündungen im Oberschenkel. Die Eltern machten sich Hoffnung auf Heilung durch eine Behandlung in Europa. Seit dem Bau der Eisenbahn konnten sie nun in weniger als einer Woche nach New York gelangen und von dort fuhren schnelle Dampfschiffe ab, die den Ozean nun viel schneller, in nur 14 Tagen überqueren konnten. Gerhards Vermögen erlaubte die Buchung in der Ersten Klasse, in der Dorothea mit den vier Mädchen bequem reisen konnte.

Sie fuhren zunächst nach Paris, dann nach Berlin, wo die Zehnjährige über ein Jahr behandelt wurde. Aber die Bemühungen um eine Verbesserung von Annas Leiden brachten nicht viel und so kehrten Dorothea und ihre kleinen Töchter nach San Francisco zurück.

In 1853, he married Dorothea Tolle, an immigrant baker's daughter from Göttingen. She had come from New York with her sister, who travelled to San Francisco to join her fiancé, gunsmith Adolphus Plate. He had a thriving business with rifles, guns and pistols, which were much sought-after by gold seekers.

In any case, life in the city had become extremely dangerous, anarchy and chaos reigned. Often fires broke out, deliberately set to eliminate competitors or to take revenge on them. The city government was corrupt and usually stood by until several citizens joined together founding the San Francisco Committee of Vigiland. They formed a home guard group and dealt quickly with the numerous swindlers and fire raisers. Gerhard Klümpke was an active and committed member of this society from the beginning. Thus, he was later seen as one of the highly respected pioneers of San Francisco, who are still remembered today.

Family

The Klümpke couple first had four daughters: Anna, Augusta, Dorothea and Mathilde. In the meantime, Gerhard's sister Anna Maria had come from Germany and made herself useful in her brother's Californian family. At home, her parents had died, as had her oldest sister Liesbeth, who had fallen from the hayloft during the harvest. The two younger sisters were also no longer alive; they had contracted consumption (tuberculosis), which was rampant in their homeland, and had died at the ages of 17 and 21. In San Francisco, the eldest daughter Anna was a cause for concern. She had suffered from bone marrow inflammation in her thigh since a fall. The parents were hoping for a cure by treatment in Europe. Thanks to the construction of the railroad, they could now get to New York in less than a week. From there steamships departed, now able to cross the ocean much faster, in only 14 to 19 days. Gerhard's fortune allowed for first class reservations, in which Dorothea could travel comfortably with the four girls.

They first went to Paris, then to Berlin, where the ten-year-old was treated for over a year. But efforts to improve Anna's condition did not yield much, and Dorothea and her small daughters returned to San Francisco.

In den nächsten Jahren wurden noch zwei Jungen geboren, wovon einer starb. Als letztes Kind kam Julia im Jahr 1871 zur Welt. Die Familie bezog ein großes Gebäude im Herzen der Stadt mit Blick auf die Bucht von San Francisco, wo heute die Golden Gate Bridge das Wasser überspannt.

Unten im Haus gab es eine Druckerei und einen Bücherladen sowie das Büro von Steinway Pianos. Ein Lehrerehepaar bewohnte eine Wohnung, ebenso wie ein Maler, der auf derselben Etage sein Atelier hatte.

Die Eltern legten sehr viel Wert auf die Bildung ihrer Kinder und diese waren begabt genug, all diese Anregungen anzunehmen. Die Kinder gingen in die öffentliche Schule, bekamen aber noch jede mögliche zusätzliche private Förderung.

Die Ehe der Klümpkes lief allerdings nicht sehr gut. Dorothea war eine selbstbewusste, eigenständige Frau geworden. Das war in San Francisco nicht ungewöhnlich. In den Jahren der Goldgräberei waren nur etwa ein Drittel der Bewohner weiblich. Der Männerüberhang war enorm. Dadurch bekamen die Frauen mehr Respekt und Achtung, selbst in der kalifornischen Verfassung hatten sie mehr Rechte als in den übrigen Vereinigten Staaten. So konnten Frauen selbständig Besitz erwerben und darüber frei verfügen. Ehescheidungen waren einfach und nicht ungewöhnlich und auch die Klümpkes trennten sich 1871.

Dorothea zog es wieder nach Europa, wo sie ihren Kindern die bestmögliche Ausbildung ermöglichen wollte. Gerhards Vermögen war inzwischen so groß, dass sie in dieser Hinsicht sorgenlos reisen und die Töchter die besten Schulen Europas besuchen konnten. So überquerte sie 1872 wieder den Atlantik mit den fünf Töchtern und Sohn William, wohnte zunächst in Göttingen, dann in der Schweiz und zuletzt in Paris, wo alle Kinder ihren Begabungen gemäß studieren konnten und sogar Berühmtheit in der von Männern dominierten Welt des ausgehenden 19. Jahrhunderts erlangten.

Die Verbindung zum Vater wurde stets aufrechterhalten und es gibt etliche Schiffspassagen, die die vielen Reisen der Töchter in der Ersten Klasse über den Ozean bezeugen.[34] Mit dabei war auch Maria Klümpke, Gerhards Schwester, die die Kinder von Anfang an begleitet hatte.

Over the next few years, two more boys were born, one of whom died. The last child to be born was Julia in 1871. The family moved into a large building in the heart of the city overlooking San Francisco Bay, where the Golden Gate Bridge now spans the water.

Downstairs in the house was a printing- and bookstore, as well as the office of Steinway Pianos. A married couple of two teachers occupied an apartment, as did a painter who had his studio on the same floor.

The parents placed a great deal of importance on the education of their children, and the girls were talented enough to accept all of this stimulation. The children went to public school, but still received every possible additional private lesson.

The marriage of the Klümpkes, however, did not go very well. Dorothea had become a self-confident, independent woman. This was not unusual in San Francisco. In the gold-mining years, only about one-third of the residents were female. The male surplus was enormous. As a result, women gained more respect and esteem; even in the California Constitution, they had more rights than in the rest of the United States. For example, women could acquire property independently and dispose of it freely. Divorces were not unusual and the Klümpkes also separated in 1871.

Dorothea was drawn back to Europe, where she wanted to give her children the best possible education. Gerhard's fortune had grown so much, that they could travel without worries and their daughters could attend the best schools in Europe So in 1872, Dorothea crossed the Atlantic again with her five daughters and son William, living first in Göttingen, then in Switzerland, and finally in Paris, where all the children were able to study according to their talents and even achieve fame in the male-dominated world of the late 19th century.

The connection with the father was always maintained, and there are quite a few ship passages that attest to the daughters' many trips across the ocean in First Class. Also on board was Maria Klümpke, Gerhard's sister, who had accompanied the children from the beginning.

---

[34] Schiffslisten auf ancestry.com

Nach einigen Jahren heiratete Gerhard ein zweites Mal. Bernardine Sutkamp war eine Heuermannstochter aus Bokern bei Lohne in Oldenburg und ebenfalls in jungen Jahren ausgewandert. Sie arbeitete als Lehrerin in der benachbarten St Boniface School. Mit ihr konnte er plattdeutsch reden und Erinnerungen an die norddeutsche Heimat teilen. Sie lebten ein wohlhabendes, aber nicht luxuriöses Leben, obwohl sie sich das hätten leisten können.

Als Gerhard am 16. Dezember 1916 starb, hatte er fast siebzig Jahre in San Francisco verbracht. Seine Tochter Augusta schreibt: "Er starb im Alter von 93 Jahren mit vollem intelligentem Verstand. Er hatte die außergewöhnliche Entwicklung von San Francisco miterlebt, das nur eine kleine spanische Mission auf den Dünen war, als er 1849 ankam. Bis zu seinem Tod galt er bei seinen Mitbürgern als ein hervorragender Geschäftsmann, als einer, der die Geschichte der Stadt am besten kannte und als Vertrauensmann, der immer dann gerufen wurde, wenn es um Konflikte bei schwierigen Land- und Grundstücksverkäufen ging."[35]

Der arme Bauernsohn aus Suttrup im Kirchspiel Ankum hinterließ seinen Kindern ein Millionenvermögen. Er besaß allein 71 „properties in the metropolitan area of San Fanrcisco" sowie zwei riesige Gebiete außerhalb der Stadt von mindesten je 700 ha, die heute in kalifornischen Nationalparks liegen.[36] Nach dem Tod seiner zweiten Frau 1902 lebte er „ganz zurückgezogen in einem abgelegenen Haus, das einen wundervollen Ausblick auf die Wasser des Goldenen Tores gewährte."[37] Trotz seines Reichtums ist er stets bodenständig und bescheiden geblieben und hat sich sicherlich so manches Mal an Not und Armut auf dem elterlichen Hof in Suttrup erinnert.

After a few years, Gerhard married a second time. Bernardine Sutkamp was a servant farmer's daughter from Bokern near Lohne in Oldenburg and had also emigrated at a young age. She worked as a teacher in the neighboring St Boniface School. With her he could speak Low German, the dialect of their home region, and share memories of their North German homeland. They lived a prosperous but not luxurious life, although they could have afforded it.

When Gerhard died on December 16, 1916, he had spent nearly seventy years in San Francisco. His daughter Augusta writes: "He died at the age of 93 with a full intelligent mind. He had witnessed the extraordinary development of San Francisco, which was but a small Spanish mission on the dunes when he arrived in 1849. Until his death, he was regarded by his fellow citizens as an outstanding businessman, one who knew the history of the city best, and a trusted man who was always called upon when conflicts arose in difficult land and property sales."

The poor farmer's son from Suttrup in the parish of Ankum left his children a fortune worth millions. He owned 71 properties in the metropolitan area of San Francisco alone, as well as two huge areas of land outside the city of at least 700 acres each, which are now located in California national parks. After the death of his second wife in 1902, he lived "quite secluded in a secluded house that afforded a wonderful view of the waters of the Golden Gate". Despite his wealth, he always remained down-to-earth and modest, and no doubt recalled many a time hardship and poverty on his parents' farm in Suttrup.

62 Anna Klumpke, The Artist's Father, 1912

[35] Dèjerine-Klumpke, Augusta, s.o.

[36] David Rogers, John Klumpke's Homestead on Pine Ridge, 2000

[37] A.B. Faust, Das Deutschtum in den Vereinigten Staaten, 1911

Klümpke's berühmte Töchter   Klumpke's famous daughters

Anna Klumpke (1856 – 1942) war zeichnerisch begabt und wurde eine berühmte Malerin im Paris der Jahrhundertwende. Sie führte trotz ihrer körperlichen Beeinträchtigung ein unabhängiges, selbstbestimmtes Leben und wurde Gefährtin der bekannten französischen Malerin Rosa Bonheur. Sie errang viele Auszeichnungen und Preise für ihre Gemälde, die heute in berühmten Museen, wie dem Museum of Modern Art in New York hängen.

Anna Klumpke (1856 - 1942) was talented in drawing and became a famous painter in turn-of-the-century Paris. She led an independent, self-determined life despite her physical impairment and became a companion of the famous French painter Rosa Bonheur. She won many awards and prizes for her paintings, which today hang in famous museums, such as the Museum of Modern Art in New York

Augusta Dejerine Klumpke (1859 - 1927) studierte Medizin als eine der ersten und wenigen Frauen zur Jahrhundertwende in Paris und arbeitete dann an Forschungen zur Neuroanatomie. Sie erforschte eine kindliche Armlähmung, die noch heute nach ihr als „Klumpsche Parese" bekannt ist. Sie veröffentlichte mit ihrem Mann, Professor Dejerine, viele wissenschaftliche Forschungsergebnisse und wurde mehrfach ausgezeichnet. Im ersten Weltkrieg arbeitete sie mit ihren Schwestern in einem Hospital für kriegsverletzte Soldaten, das ihre Schwester Anna in ihrem Schloss eingerichtet hatte.

Augusta Déjerine Klumpke (1859 - 1927) studied medicine as one of the first and few women at the turn of the century in Paris and then worked on research about neuroanatomy. She researched infantile paralysis of the arm, which is still known today as "Klumpke's paralysis" after her. Together with her husband, Professor Déjerine, she published many scientific research results and received several awards. During the First World War she worked with her sisters in a hospital for war wounded soldiers.

Dorothea Klumpke (1861 – 1959) studierte an der Sorbonne in Paris Naturwissenschaften und Astronomie. Sie leitete das Pariser Observatorium und setzte sich bei der Bewerbung um die Leitung für die photographische Erforschung und Kartierung der Himmelskörper (Carte du ciel) gegen 50 männliche Konkurrenten durch. Sie war auch die erste Frau, die astronomische Beobachtungen (der Leoniden) von einem Heißluftballon durchführen durfte und war eine der bedeutendsten Astronominnen ihrer Zeit.

Dorothea Roberts Klumpke (1861 - 1959) studied natural sciences and astronomy at the Sorbonne in Paris. She directed the Paris Observatory and prevailed over 50 male competitors in the bid to become director of photographic exploration and mapping of the celestial bodies (Carte du ciel). She was also the first woman allowed to make astronomical observations (of the Leonids) from a hot air balloon and was one of the most important astronomers of her time.

Julia Klumpke (1870 – 1961) war eine begabte, bekannte Geigerin und unternahm viele Konzertreisen in Europa wie auch in den USA. Sie komponierte eigene Stücke und lehrte am Konservatorium in Carolina. Als ihr Vater verwitwet war, hielt sie sich oft in San Francisco auf. Sie starb 1961und wurde neben ihrem Vater bestattet.

Julia Klumpke (1870 – 1961) was a talented, well-known violinist and made many concert tours in Europe as well as in the USA. She composed her own pieces and taught at the Carolina Conservatory. After her father was widowed, she often stayed in San Francisco. She died in 1961 and was buried next to her father.

Sources
Churchbooks St Nikolaus, Ankum
Ancestry.com
Wikipedia
Find a grave.com

Quellen *Sources*

Böning, Schuckmann , Das Artländer Trachtenfest , Heimat gestern und heute, Mitteilungen des   Kreisheimat-
      bundes Bersenbrück (KHBB)e.V. Band 28 - 2005

Dèjerine-Klumpke, Augusta , The Klumpke Family-Memories, Departement of Neurology, Lausanne, 2005

Deutsches Schiffahrtsmuseum, Auswanderung Bremen-USA, Bremerhaven 1976, Führer Nr.4

Gottlieb Mittelberger's Journey to Pennsylvania in the Year 1750, Edition Leopold Classic Library, 2016

Gräbe, Thorsten, Buchrezension Frankfurter Allgemeine Zeitung vom 16.05.2017

Hoerder,D, Knauf, D. (Hrsg), Aufbruch in die Fremde, Edition Temmen, Bremen 1992

Holtmann, Antonius, Ferner thue ich euch zu wissen…Die Briefe des Johann Heinrich zu Oeveste aus
      Amerika 1834-1876, Edition Temmen, Bremen 1995

Kamphoefner,W.u.a. (Hrsg), Von Heuerleuten und Farmern, Landschaftsverband Osnabrücker Land Band
      Bramsche 1999

Kirchenbücher der St Nikolaus Pfarrei, Ankum

Kügler, Dietmar, Deutsche in Amerika, Stuttgart 1983

Moltmann, Günter (Hrsg), „Aufbruch nach Amerika - Friedrich List und die Auswanderung aus Baden und
      Württemberg 1816/1817", Tübingen 1979

Oelwein, Cornelia, Die Organisation der Auswanderung, in: Good Bye Bayern, Grüß Gott America,
      2004, Haus der Bayrischen Geschichte

Osnabrücksche Anzeigen vom 17. März 1853, Verhaltensmaßregeln und Winke für Auswanderer während
      ihres Aufenthaltes in Bremen, Bremerhaven und auf dem Seeschiffe

Rößler,Horst, Reise, Hafenstädte, Überfahrt in: Good Bye Bayern, Grüß Gott Amerika, 2004

Schuckmann, Herbert, Artland-Amerika-Asien, Reiseberichte aus dem 19. Jahrhundert, Quakenbrück
      1985, Schriftenreihe des KHBB N.24

Solbach, Gerhard E.: Reise des schwäbischen Schulmeisters Gottlieb Mittelberger nach Amerika,   Wyk auf Föhr
      1992, (S.36) (S.17)

Udo Thörner, Venne in Amerika, Osnabrück, 2008

von der Wall, Heinz „Außer dem Vaterlande ist auch eine schöne Welt", Kreisheimatbund Bersenbrück, 1989

Website ancestry.com

Website Blanck, Maggi, Auswanderer an Bord eines Seglers

Website der Hapag Lloyd, „Geboren in Hamburg, in der Welt zuhause, Albert Ballin und die Hapag"

Website Die Maus, Gesellschaft für Familienforschung Bremen, „How to emigrate to America cheaply, quickly
      and easily?"

Website Find a grave

Website Weserkurier, Geschichte „ In die neue Welt fuhr man am besten mit Missler"

Website Wikipedia

Abbildungen / *Figures*

Printed in Great Britain
by Amazon